ANÁLISIS DEL EMPRENDIMIENTO EN LA REGIÓN DE MURCIA: OPORTUNIDADES Y DESAFÍOS

INFORME GEM MURCIA 2023-24

DIRECCIÓN PROYECTO GEM MURCIA

Alicia Rubio Bañón

DIRECTORA TÉCNICA

Nuria Nevers Esteban Lloret

Patrocinan

Colaboran

Fondo Europeo de Desarrollo Regional
"Una manera de hacer Europa"

1ª Edición 2024

ISBN: 978-84-10172-27-2
DEPÓSITO LEGAL: MU-1402-2024

Impreso en España - Printed in Spain

Maquetación: Lalak Estudio.
Impresión: Servicio de Publicaciones. Universidad de Murcia.
Campus de Espinardo 30100 MURCIA

ANÁLISIS DEL EMPRENDIMIENTO EN LA REGIÓN DE MURCIA: OPORTUNIDADES Y DESAFÍOS

**INFORME GEM
MURCIA 2023-24**

**DIRECCIÓN PROYECTO
GEM MURCIA**
Alicia Rubio Bañón

DIRECTORA TÉCNICA
Nuria Nevers Esteban Lloret

EQUIPO DE INVESTIGACIÓN
J. Samuel Baixauli Soler

María Belda Ruiz

José Andrés López Yepes

Gabriel Lozano Reina

María Feliz Madrid Garre

Catalina Nicolás Martínez

Mercedes Palacios Manzano

Antonio Paños Álvarez

María Pemartín González-Adalid

Gregorio Sánchez Marín

A

P. 08   PRESENTACIONES

01

P. 12   ¿QUÉ ES EL GEM?

02

P. 16   RESUMEN
        EJECUTIVO

C1

P. 36   CONTEXTO
        EMPRENDEDOR

03

P. 30   CUADRO DE
        INDICADORES

C2

P. 56   EL PROCESO
        EMPRENDEDOR

B

P. 146   ANEXO
GLOSARIO

C3

P. 72   PERFIL DE LA
PERSONA QUE
EMPRENDE

C

P. 150   BENCHMARKING

C4

P. 88   CARACTERÍSTICAS
DE LAS INICIATIVAS
EMPRENDEDORAS

D

P. 158   RELACIÓN DE
EQUIPOS
INTEGRANTES DE
LA RED GEM
ESPAÑA 2023-2024

A
PRESENTACIONES

Alberto Marín
Consejero de Economía, Hacienda y Empresa

Que la Región de Murcia es una tierra fértil en talento y creatividad emprendedora, es algo que ya sabemos y, por lo tanto, no nos sorprende. A pesar de las puntuales fluctuaciones que pueda poner de manifiesto el Informe Gem, año tras año, lo cierto es que hay una tendencia incontrastable que confirma la fortaleza del emprendimiento murciano.

Los datos de esta edición no hacen sino confirmar esa tendencia. A simple vista podríamos decir que vivimos un momento de especial optimismo para el nacimiento de nuevas empresas. En este sentido, el incremento del 20% en la Tasa de Actividad Emprendedora (TEA) revela que la cultura del emprendimiento ha enraizado en nuestra sociedad.

Sin embargo, el Informe Gem ofrece una radiografía mucho más completa y en eso estriba su relevancia. Porque más allá de la Tasa de Actividad Emprendedora, analiza parámetros que nos interesan especialmente, ya que perfilan el modelo de ecosistema emprendedor que se está construyendo en la Región. Y, según dibuja este informe, nuestro modelo es hoy más innovador, tecnológico y sostenible. Sitúa como pilares del éxito el conocimiento y la formación.

Así, los nuevos proyectos llevan en su savia el carácter innovador y tecnológico. Un tercio de las nuevas iniciativas implementan productos innovadores o procesos y avances en digitalización. Hablamos de propuestas disruptivas, que ofrecen respuesta a los grandes problemas de nuestra era, a través de soluciones creativas y de tecnología avanzada.

A su vez, se desvanecen las fronteras. Los nuevos negocios muestran una clara orientación internacional y buscan el acceso a nuevos mercados en una era en la que, a pesar de la inestabilidad geopolítica que vivimos, la globalización parece no tener marcha atrás. A ello se suma el compromiso con la sostenibilidad empresarial y las prácticas responsables, cada vez más exigidas por los consumidores.

No son sino buenas noticias. Señales que demuestran que avanzamos en la buena dirección. Pero somos conscientes de que el talento no basta. Es imprescindible disponer de un sustrato que alimente los proyectos. Que lea ayude a germinar, a crecer y desarrollarse, hasta convertirse en propuestas empresariales sólidas.

Por ello, desde el Gobierno Regional, contamos con una larga trayectoria de estrategias para impulsar el emprendimiento, de la que forma parte la vigente Estrategia C(i*EMP). Una hoja de ruta que consolida la red de organismos que hemos sido capaces de tejer con los años y que integran esfuerzos para optimizar y coordinar de la manera más eficaz todas las actuaciones en favor del emprendimiento innovador.

Olga García Saz

Directora Territorial CaixaBank en la Comunitat Valenciana y Región de Murcia

El Informe GEM 2023-2024 ofrece una visión profunda del progreso, la innovación y el compromiso del emprendimiento en nuestra Región de Murcia, destacando un año particularmente alentador en cuanto a crecimiento y oportunidades. Con una notable alza en la Tasa de Actividad Emprendedora (TEA) y un incremento de emprendedores nacientes, observamos con satisfacción cómo las nuevas generaciones adoptan el emprendimiento como una vía para innovar y generar valor.

La evolución en el ámbito financiero también marca un hito relevante este año. El aumento del 50% en la participación bancaria en la financiación de proyectos refleja el compromiso de las entidades en apoyar a los emprendedores murcianos. En CaixaBank, nos sentimos orgullosos de contribuir activamente a la solidez de este ecosistema, impulsando un acceso más equitativo y seguro a los recursos necesarios para desarrollar iniciativas empresariales de impacto.

El emprendimiento es una fuente inagotable de crecimiento y transformación. Cada nueva idea, cada proyecto lanzado y cada esfuerzo realizado contribuyen a diversificar y enriquecer el tejido económico y social de nuestra región. Emprender no solo impulsa la creación de empleo y el desarrollo económico, sino que también fomenta un espíritu de superación y resiliencia que inspira a toda la comunidad. En CaixaBank, reconocemos el valor de estos emprendedores que, con valentía y visión, construyen el futuro de la Región de Murcia.

Este año, además, las perspectivas para emprender son altamente positivas. Las buenas expectativas, combinadas con la reducción en la tasa de cierres efectivos, consolidan un entorno de confianza y estabilidad que refuerza el dinamismo emprendedor en la Región de Murcia. A la vez, constatamos con entusiasmo cómo la brecha de género en el emprendimiento sigue disminuyendo, evidenciando que cada vez más mujeres lideran proyectos con un propósito significativo tanto en el ámbito social como en el económico.

La innovación continúa siendo el pilar sobre el que se construye el emprendimiento en nuestro territorio regional. Las nuevas iniciativas, especialmente las lideradas por jóvenes, aportan ideas y enfoques frescos, contribuyendo a la competitividad de la región y a la adaptación ante los desafíos cambiantes del mercado. La Región de Murcia consolida así su posición como un referente de creatividad y desarrollo sostenible.

El Informe GEM 2023-2024 es más que un análisis; es un reflejo de los valores y aspiraciones de nuestros emprendedores, quienes con su esfuerzo y perseverancia fortalecen nuestra economía y nuestra sociedad. En CaixaBank, reafirmamos nuestro compromiso de seguir acompañando y apoyando a cada uno de ellos en su camino hacia el éxito, convencidos de que, juntos, construimos un futuro mejor para nuestra región.

01

¿QUÉ ES EL GEM?

¿Qué es el GEM?
Global Entrepeneurship Monitor

El GEM es un proyecto internacional que estudia el emprendimiento en diversos contextos. Nace en 1999 gracias a la colaboración entre la London Business School y el Babson College. Desde su inicio, se publican anualmente informes que recopilan información clave sobre la actividad emprendedora a nivel global, nacional, regional y provincial.

Con el extenso conjunto de datos que se recogen, los investigadores del GEM también elaboran informes temáticos de interés para actores económicos y sociales cada año. En su edición de 2023, el informe ofrece datos sobre el emprendimiento en 45 países participantes de todos los continentes, encuestando a más de 136.000 personas, lo que representa al 60% de la población mundial. Además, se han evaluado las condiciones para emprender en 49 países mediante paneles de expertos nacionales y regionales.

Los informes elaborados por el Observatorio del Emprendimiento (Red GEM España) siguen un marco teórico común a todos los países miembros de la red GEM Global.

Figura 1: **MARCO TEÓRICO GEM**

Fuente: GEM Global 2023

¿Cómo obtenemos los datos?

El Observatorio GEM utiliza tres fuentes principales de información: una encuesta detallada dirigida a personas de 18 a 64 años, conocida como APS (Adult Population Survey); una encuesta semiestructurada a expertos en emprendimiento, llamada NES (National Experts Survey); y diversas fuentes secundarias de información, como artículos científicos, informes sectoriales y análisis internacionales, que ayudan a profundizar en la interpretación de los datos. Las encuestas APS y NES, diseñadas dentro del marco conceptual del Proyecto GEM, pasan por estrictos controles léxicos y estadísticos para garantizar la comparabilidad de los resultados en todos los países participantes.

Figura 2: **FICHA DE ESTUDIO DE LA ENCUESTA APS EN 2023**

 UNIVERSO

Población residente en Murcia de 18 a 64 años

 MUESTRA

1.000 individuos

 POBLACIÓN OBJETIVO

979.594 (INE)

 FECHA DE RECOGIDA

Mayo - junio de 2023

 ENCUESTA

Encuesta telefónica asistida por ordenador (CATI)

 DISEÑO MUESTRAL

Distribución proporcional a la población objetivo según ámbito y cruce de sexo por edad agrupada

ENCUESTA

±3,10% (para el conjunto de la muestra) para un intervalo de confianza del 95,0% (2 sigmas), y bajo el supuesto de máxima indeterminación (P=Q=50%)

 MUJER

48,9%

 HOMBRE

51,1%

12,3%	**18,9%**	**23,6%**	**24,2%**	**21,0%**
18-24 años	25-34 años	35-44 años	45-54 años	55-64 años

La información recopilada a partir de estas fuentes complementarias sirve como base para desarrollar los resultados presentados en las diferentes secciones de este informe. Es posible acceder y explorar en mayor profundidad los informes regionales que los equipos de la Red GEM España publican anualmente, así como los informes globales y de otros países, a través de los sitios web:

· Del Consorcio Internacional GEM:

http://www.gemconsortium.org

· Del proyecto GEM España:

http://www. gemspain.com

02

RESUMEN EJECUTIVO

Contexto emprendedor

Conocimientos para emprender en aumento.

La mitad de la población murciana considera tener los conocimientos necesarios para emprender, un nivel que se mantiene estable, mientras que el 100% de la población involucrada reconoce estar capacitada, una mejora notable desde el año 2022. Esto es una señal positiva que muestra el fortalecimiento del ecosistema emprendedor en la región. A medida que esta percepción continúa mejorando entre aquellos involucrados en actividades empresariales, es importante seguir fomentando el acceso a formación y recursos para emprendedores. Esta tendencia ayudará a consolidar un entorno más propicio para la creación de nuevas empresas.

Reducción del miedo al fracaso.

El miedo al fracaso se reduce, cae 7 puntos porcentuales, esto es un indicativo de un cambio cultural positivo en la Región de Murcia. Este descenso en la percepción del fracaso como barrera es clave para motivar a más personas a emprender. Continuar trabajando en la creación de un ambiente que fomente el aprendizaje a partir de los fracasos podría impulsar aún más el emprendimiento y la innovación en la región.

Importancia de los referentes emprendedores.

Casi un 50% de la población tiene un referente emprendedor cercano. Estos ejemplos positivos dentro del círculo social impulsan la confianza en las personas para tomar el paso hacia el emprendimiento, por ello, incentivar la creación de redes y mejorar la visibilidad de historias de éxito en la región puede ser una herramienta poderosa para inspirar a nuevos emprendedores.

Optimismo sobre las oportunidades de emprendimiento.

Ha aumentado el optimismo, alcanzando un 40,6% entre la población emprendedora y superando la media nacional. Este optimismo, que ha recuperado los niveles previos a la pandemia, refleja la resiliencia del ecosistema emprendedor y la capacidad de adaptación a situaciones adversas. Este ambiente positivo puede atraer nuevas iniciativas, inversiones y apoyo institucional y sin duda es un indicio de que las condiciones para emprender en Murcia están mejorando.

Diferencias de género.

Existen diferencias significativas en la percepción del emprendimiento entre hombres y mujeres, con las mujeres mostrándose menos confiadas en su capacidad para emprender, más afectadas por el miedo al fracaso y con una menor percepción de oportunidades. A pesar de que el 73,8% de las mujeres emprendedoras cree poseer las habilidades necesarias para emprender, siguen existiendo barreras importantes que limitan su acceso a redes emprendedoras e influyen en la identificación de oportunidades, siendo notablemente inferior su percepción de oportunidades (23,3% frente al 33,3% en los hombres).

Entorno

Entorno empresarial favorable.

El análisis revela que la Región de Murcia presenta un entorno moderadamente favorable para la creación de empresas, con puntuaciones que oscilan entre 4,45 y 6,69 en una escala de 1 a 10, y la única excepción de la educación y formación emprendedora en la etapa escolar, que es la dimensión con menor valoración, obteniendo un 2,83, aun así, superior al 2,1 de España.

Fortalezas del entorno: infraestructura y sostenibilidad.

Las dimensiones más valoradas por los expertos son la existencia y acceso a infraestructura física y de servicios, así como la percepción positiva de las prácticas de sostenibilidad medioambiental en empresas, especialmente en las de nueva creación y crecimiento.

Debilidades: educación emprendedora y trámites burocráticos.

Los puntos más débiles del entorno empresarial en la región se encuentran en la educación emprendedora a nivel escolar y en la percepción de las políticas gubernamentales dirigidas a reducir la burocracia e impuestos, con datos que reflejan áreas de mejora significativas.

Los resultados de la Región de Murcia superan los valores promedio del conjunto de España.

Destacan positivamente las percepciones sobre sostenibilidad medioambiental en empresas nuevas y en crecimiento, el acceso a financiación para emprendedores, y un entorno normativo y cultural que apoya el emprendimiento.

La Región de Murcia se consolida como un entorno favorable para el emprendimiento, atrayendo inversión y talento.

Con un Índice NECI de 4,9, la Región de Murcia se posiciona como una de las comunidades autónomas con un entorno más favorable para el emprendimiento. Esto facilita la creación y escalabilidad de nuevas empresas, impulsando la innovación y el crecimiento económico. Además, la región atrae inversión y talento, compitiendo de manera destacada con regiones como País Vasco y Madrid. Este contexto positivo refuerza la necesidad de mantener políticas que continúen fortaleciendo el ecosistema emprendedor local.

Principales apoyos a la creación de empresas el apoyo financiero y los programas gubernamentales.

Otros factores importantes son la transformación digital, la capacidad emprendedora, las políticas gubernamentales, la transferencia de I+D, y la educación y formación.

Proceso emprendedor

Incremento notable en la Tasa de Actividad Emprendedora (TEA).

La Tasa de Actividad Emprendedora Total (TEA) en Murcia ha aumentado un 20%, alcanzando el 6,1% en 2023. Este crecimiento es liderado por los emprendedores nacientes, que representan el 60,6% de la TEA, un claro reflejo del entusiasmo por la creación de nuevos negocios en la región.

Interés sostenido por emprender.

El 8,5% de la población adulta en Murcia manifiesta intención de emprender en los próximos tres años. Aunque este porcentaje es menor que la media nacional (11,2%), muestra que existe un interés sólido por el emprendimiento en la región, lo que brinda la oportunidad de incentivar aún más el ecosistema emprendedor local.

Auge de los emprendedores nacientes.

El crecimiento del casi 20% en la cifra de emprendedores nacientes es un indicador alentador, demostrando que cada vez más personas están dando el primer paso hacia la creación de empresas. Los emprendedores nuevos, aunque con un crecimiento más moderado del 14%, también muestran una tendencia positiva.

Resiliencia empresarial: pocos cierres definitivos.

Un punto fuerte en 2023 ha sido la baja tasa de cierres empresariales definitivos. Aunque el 2,3% de la población estuvo involucrada en abandonos empresariales, solo el 1,6% de los casos resultó en el cierre total de la empresa. Este dato sugiere una resiliencia destacable del tejido empresarial, con muchos negocios que han logrado continuar bajo nuevas direcciones.

Diferencias de género: oportunidad para el crecimiento inclusivo.

Si bien los hombres superan a las mujeres en los indicadores de emprendimiento, esta diferencia presenta una oportunidad para implementar políticas que promuevan un mayor equilibrio de género. Con programas de apoyo dirigidos a las mujeres emprendedoras, la región puede mejorar su equidad y capitalizar el potencial emprendedor de ambos géneros.

Reducción de cierres efectivos, mejora en la viabilidad.

Los datos de abandono empresarial son alentadores, con una tasa de cierres definitivos baja (1,6%). Esto demuestra que, aunque algunos emprendedores optan por dejar la gestión de sus negocios, muchas empresas continúan operando, lo que indica una alta viabilidad en el entorno emprendedor de Murcia.

Oportunidades de mejora: consolidación de empresas.

Aunque la tasa de empresarios consolidados ha disminuido al 3,9%, este desafío representa una oportunidad para que la Región de Murcia refuerce el apoyo a la consolidación empresarial. Iniciativas que fortalezcan la transición de negocios nacientes a empresas consolidadas pueden ser clave para garantizar el éxito a largo plazo del ecosistema emprendedor local.

Margen de mejora en la comparativa internacional.

A nivel internacional y nacional, Murcia aún tiene margen de mejora en indicadores como la intención de emprender y la tasa de empresarios consolidados. Sin embargo, los avances observados en la TEA y la reducción de cierres empresariales sugieren que la región está en una buena posición para mejorar en los próximos años si se enfocan los esfuerzos en áreas clave como la consolidación de empresas y la equidad de género.

Perfil de la persona que emprende
MOTIVACIONES

El emprendimiento como solución proactiva ante la falta de empleo.

En 2023, el 69% de los emprendedores recientes en la Región de Murcia señala la necesidad de ganarse la vida debido a la escasez de empleo como su principal motivo para emprender. Este dato refleja la importancia del emprendimiento como solución frente a la falta de oportunidades laborales.

Descenso en la motivación de continuar una tradición familiar.

Solo el 13% de los emprendedores recientes emprenden para continuar una tradición familiar, una motivación que ha experimentado una notable caída de 10 puntos porcentuales respecto a 2022, lo que indica un cambio hacia razones más individuales y económicas para emprender.

Emprendedores consolidados mantienen la tendencia de ganarse la vida.

Entre los emprendedores consolidados, la motivación de ganarse la vida por la escasez de empleo sigue creciendo, alcanzando el 83% en 2023, consolidando una tendencia que ha venido aumentando en años anteriores.

Murcia se destaca en emprendimiento por necesidad y ambición.

A nivel nacional, la Región de Murcia se encuentra entre las tres comunidades que más emprenden tanto por necesidad, debido a la falta de empleo, como por el deseo de marcar una diferencia en el mundo. Al mismo tiempo, se sitúa entre las regiones donde menos se emprende para continuar una tradición familiar.

Diferencias de género en las motivaciones de emprendimiento.

Las mujeres emprenden más por necesidad, con un 81% de ellas motivadas por la escasez de empleo, frente al 60% de los hombres. Sin embargo, esta diferencia de género se reduce entre los emprendedores consolidados, donde las tasas de mujeres y hombres son más similares (84% versus 82%).

Ambición y diferencias de género en el emprendimiento reciente.

En cuanto a motivaciones más ambiciosas, como marcar una diferencia en el mundo o generar una alta renta, los hombres superan a las mujeres. El 50% de los hombres emprenden con la intención de marcar una diferencia en el mundo, frente al 35% de las mujeres. Similarmente, el 38% de los hombres buscan generar una gran riqueza, mientras que solo el 28% de las mujeres lo hacen.

EDAD, GÉNERO Y RENTA

Mejora en el índice TEA, pero con incorporación tardía.

En 2023, la Región de Murcia ha experimentado una mejora en el índice TEA en las franjas de edad de 25 a 34 años y de 35 a 44 años. Sin embargo, la región sigue enfrentando el desafío de una incorporación tardía al proceso emprendedor, lo que puede limitar el impacto a largo plazo de este crecimiento.

Formación de los emprendedores por debajo de la media nacional.

Los emprendedores murcianos presentan niveles de formación inferiores a la media nacional, especialmente en las fases más tempranas del proceso emprendedor. Esta brecha formativa puede influir en la capacidad de los emprendedores para consolidar y hacer crecer sus proyectos.

Convergencia positiva en el emprendimiento por género.

La Región de Murcia continúa mostrando una convergencia positiva entre hombres y mujeres en términos de emprendimiento, una tendencia que se mantiene desde 2022. No obstante, persisten ciertas diferencias en el nivel de formación entre ambos grupos, lo que sugiere oportunidades para fortalecer la capacitación de las emprendedoras.

Aumento en los niveles de renta altos de los emprendedores.

Pese a encontrarnos por debajo de la media nacional en los tramos bajos y medios de renta, la Región de Murcia ha experimentado una evolución notable en los niveles de renta de sus emprendedores en 2023, con un crecimiento en el tramo superior, situándose por encima de la media nacional (8,8% frente a 7,9%).

Perfil de las iniciativas

FINANCIACIÓN

Incremento en el capital semilla promedio: una oportunidad de crecimiento.

En 2023, las iniciativas emprendedoras en la Región de Murcia han necesitado un capital semilla promedio de 84.479€, lo que representa un incremento significativo en comparación con 2021 y 2022. Este aumento no solo refleja una mayor capacidad de inversión inicial por parte de los emprendedores, sino que también puede indicar que los proyectos empresariales en la región están adoptando una visión más ambiciosa y estratégica, lo que podría derivar en negocios más sólidos y de mayor impacto a largo plazo.

Proyectos con mayor envergadura financiera.

La mitad de los proyectos nuevos requirieron menos de 30.000€, aunque el valor más común fue de 50.000€, un aumento con respecto a años anteriores y por encima de la media nacional. Esto demuestra que los emprendedores en Murcia están asumiendo proyectos de mayor envergadura, lo cual es un indicador positivo en términos de crecimiento y madurez del ecosistema emprendedor. Para los responsables de políticas, apoyar estos proyectos con acceso a más capital y recursos podría potenciar aún más esta tendencia.

Brecha de género en las necesidades de financiación: una oportunidad para fomentar la equidad.

Si bien las iniciativas lideradas por hombres siguen necesitando mayores niveles de financiación en comparación con las dirigidas por mujeres, esta diferencia podría reflejar la naturaleza de los proyectos, pero también pone de manifiesto una posible brecha en el acceso a recursos y en la ambición de crecimiento. Potenciar programas de capacitación y financiación dirigidos a mujeres emprendedoras podría ayudar a equilibrar esta disparidad, permitiendo que más mujeres puedan acceder a financiación adecuada para sus iniciativas.

Ahorros personales y financiación bancaria: claves para emprender.

En 2023, los ahorros personales representaron el 56% del capital semilla en la Región de Murcia, una cifra ligeramente superior a la del año anterior. Aunque esta dependencia de recursos propios puede ser un signo de compromiso con el proyecto, también indica una posible falta de acceso a fuentes de financiación. El crecimiento del 50% en la participación de los bancos en la financiación es alentador, y supera la cifra nacional, indicando la importancia del sector en la creación de proyectos y la necesidad de continuar promoviendo la confianza entre las instituciones financieras y los emprendedores para asegurar un flujo constante de capital externo que permita la expansión de los negocios.

El papel aún limitado de la financiación colaborativa.

A pesar del auge del crowdfunding y otras formas de financiación colaborativa a nivel global, las iniciativas emprendedoras en la Región de Murcia no han adoptado estas herramientas de manera significativa. Esto sugiere una oportunidad desaprovechada para explorar formas más modernas y flexibles de captar recursos. Fomentar el uso de tecnologías y plataformas de financiación podría abrir nuevas puertas para proyectos innovadores y facilitar el acceso al capital de una forma más ágil y democratizada.

Diversificación de las fuentes de financiación: un camino a explorar.

La financiación alternativa más allá de los ahorros personales, bancos e instituciones familiares sigue siendo residual. Es crucial que se incentive la exploración de nuevas vías de financiación, como fondos de inversión para startups, aceleradoras, business angels y otras herramientas financieras más modernas. Estos mecanismos no solo permitirían diversificar el capital disponible, sino que también atraerían a inversores externos, impulsando aún más el ecosistema emprendedor de la región.

SECTOR

Concentración de iniciativas emprendedoras en el sector terciario.

En 2023, tanto a nivel regional como nacional, se sigue observando una concentración de las iniciativas emprendedoras, tanto iniciales como consolidadas, en el sector terciario (comercio, consumo final y servicios a empresas). En la Región de Murcia, las nuevas empresas en los sectores transformador y extractivo han disminuido, con un descenso mayor que el observado a nivel nacional. Esta concentración en el sector terciario refleja una tendencia hacia actividades económicas con menor capital intensivo y más orientadas a los servicios.

Creciente participación de mujeres en el sector servicios.

El análisis por género muestra que la actividad económica desarrollada por mujeres emprendedoras ha crecido en el sector de servicios al consumidor tanto a nivel nacional como en la Región de Murcia, mientras que su presencia en el sector transformador ha disminuido. Este cambio refleja una mayor participación de las mujeres en sectores de atención directa al consumidor, alineada con las tendencias de crecimiento en la economía de servicios.

TAMAÑO

Aumento en las contrataciones, pero con diferencias de género.

En las iniciativas emprendedoras TEA, se ha observado un ligero crecimiento en la contratación de 1 a 5 trabajadores únicamente entre los hombres. Mientras para las iniciativas consolidadas, el tramo de contrataciones entre 6 y 19 trabajadores es el que experimenta el mayor incremento en ambos sexos. A nivel general, la mayoría de las empresas emprendedoras en la región son microempresas, y las mujeres tienden a ser más conservadoras que los hombres a la hora de contratar empleados.

Crecimiento sostenido en las contrataciones indefinidas.

Desde 2021, se ha mantenido una tendencia creciente en las contrataciones indefinidas dentro de las iniciativas emprendedoras consolidadas, tendencia que se ha fortalecido en 2022 y 2023, coincidiendo con el comportamiento a nivel nacional. Este crecimiento en la estabilidad laboral dentro de las empresas consolidadas es un indicador positivo para la sostenibilidad del empleo en el ámbito emprendedor.

INNOVACIÓN Y TECNOLOGÍA

Innovación en Murcia centrada en los procesos empresariales.

En 2023, la Región de Murcia se alinea con el panorama nacional en términos de innovación, con un tercio de las nuevas iniciativas (TEA) y uno de cada cinco emprendedores consolidados implementando nuevos productos o procesos. Aunque ha habido un ligero retroceso en la innovación de productos, se ha registrado un avance significativo en la adopción de nuevos procesos, fortaleciendo la eficiencia empresarial en la región.

Avances en digitalización, aunque persisten desafíos de financiación.

A pesar de los avances en la digitalización empresarial en la Región de Murcia, sigue habiendo desafíos importantes relacionados con la financiación y la priorización estratégica. Sin embargo, la creciente conciencia sobre la importancia de la transformación digital abre una oportunidad única para que, con el apoyo adecuado, se aceleren los esfuerzos en este ámbito. Políticas públicas más enfocadas y accesibles podrían catalizar este progreso, beneficiando tanto a las empresas emergentes como a las consolidadas.

Iniciativas recientes más proclives a adoptar tecnologías avanzadas.

Las iniciativas consolidadas de la Región de Murcia tienden a utilizar herramientas digitales básicas, como el correo electrónico, mientras que las iniciativas recientes muestran una mayor disposición a adoptar tecnologías avanzadas, como herramientas de automatización, marketing digital avanzado y plataformas colaborativas. Esta diferencia refleja una mayor apertura y flexibilidad en las nuevas empresas para adaptarse al cambio tecnológico.

Jóvenes emprendedores y empresas de servicios lideran en sofisticación digital.

Los emprendedores más jóvenes y aquellos con mayor nivel educativo son los más inclinados a utilizar tecnologías digitales más sofisticadas. A nivel sectorial, las empresas de servicios a empresas destacan como las más propensas a implementar tecnologías avanzadas, posicionándose a la vanguardia de la transformación digital en la región.

Expectativas de digitalización estables en comparación con 2022.

En 2023, las expectativas de adopción de tecnologías digitales en la Región de Murcia se mantienen estables en comparación con 2022 y están alineadas con la media nacional. Esto sugiere que, aunque no hay un crecimiento significativo, tampoco hay un retroceso en los esfuerzos de digitalización, lo que señala una oportunidad para acelerar esta transformación.

Digitalización más fuerte entre hombres y empresas de mayor tamaño.

Las expectativas de digitalización son más pronunciadas entre los hombres de entre 25 y 44 años, en empresas de servicios a empresas y en aquellas de mayor tamaño. Además, el nivel educativo tiene un impacto positivo en las expectativas de digitalización dentro de las empresas consolidadas, pero curiosamente, es un factor negativo en las iniciativas recientes (TEA), lo que podría sugerir una barrera en la adopción rápida de nuevas tecnologías en las primeras etapas del emprendimiento.

INTERNACIONALIZACIÓN Y SOSTENIBILIDAD

Crecimiento en la internacionalización con potencial de expansión.

El aumento en la orientación internacional de los emprendedores murcianos, especialmente en iniciativas recientes que exportan más del 75%, es un indicador positivo. A medida que más empresas buscan expandirse a mercados globales, es clave continuar fomentando programas que faciliten el acceso a mercados internacionales, financiación para la exportación y formación en comercio exterior. Esto permitirá que más emprendedores capitalicen oportunidades fuera del ámbito local, fortaleciendo la economía regional.

La educación como base para la competitividad internacional.

Los emprendedores con un nivel educativo superior tienen una mayor tendencia a la internacionalización, lo que pone de relieve la importancia de la educación en el éxito empresarial global. Fortalecer programas educativos que incluyan formación en habilidades digitales, idiomas y comercio exterior podría potenciar aún más la competitividad de los emprendedores murcianos. Una mayor inversión en educación superior relacionada con la internacionalización será clave para seguir impulsando este crecimiento.

Cerrar la brecha de género en la internacionalización.

Las mujeres emprendedoras en la Región de Murcia muestran un compromiso destacado con la sostenibilidad, pero una menor participación en la internacionalización. Fomentar programas que ayuden a las mujeres emprendedoras a acceder a mercados internacionales, a través de formación y redes de apoyo, podría equilibrar esta disparidad. Fortalecer el acceso equitativo a recursos y oportunidades internacionales beneficiará a todo el ecosistema empresarial.

Compromiso sólido con la sostenibilidad.

A pesar de una ligera disminución en la orientación hacia la sostenibilidad respecto a 2022, los emprendedores murcianos siguen comprometidos con la implementación de prácticas responsables, superando la media nacional. Para consolidar este liderazgo, sería recomendable seguir impulsando políticas y programas de apoyo a proyectos empresariales que prioricen la sostenibilidad social y medioambiental. La creación de incentivos y reconocimientos a las empresas que lideren en este ámbito puede motivar a más empresas a adoptar estas prácticas.

Jóvenes emprendedores: catalizadores del cambio.

Los jóvenes emprendedores de Murcia muestran un gran conocimiento sobre la sostenibilidad, aunque aún necesitan mejorar la implementación de medidas concretas. Apoyar a esta generación con herramientas prácticas, formación técnica y financiación orientada a proyectos sostenibles permitirá convertir su intención en acciones tangibles. Los jóvenes pueden liderar el cambio hacia modelos empresariales más responsables si reciben el apoyo adecuado.

Microempresas con un fuerte perfil exportador.

El hecho de que las microempresas murcianas lideren la orientación internacional, superando incluso a las grandes empresas, demuestra su agilidad y adaptabilidad. Para seguir potenciando este perfil exportador, es fundamental proporcionar a las microempresas acceso a recursos financieros, formación en comercio internacional y redes de contactos globales. El fortalecimiento de estas pequeñas empresas puede tener un impacto significativo en la economía de la región.

03
CUADRO DE INDICADORES

Cuadro de indicadores

El cuadro de indicadores del informe GEM refleja la situación de los aspectos más significativos sobre la actividad emprendedora de la Región de Murcia en 2023. Al presentarlos a modo de Cuadro de Mando Integral, se facilita una visión sintética general y comparativa con años anteriores y con el conjunto de España. Ello permite obtener una perspectiva de la evolución que ayude a identificar áreas de crecimiento, retos persistentes, y oportunidades emergentes en el entorno emprendedor de la Región de Murcia.

Valores, actitudes y aspiraciones emprendedoras en la población	2023	2022	2021
Conoce a alguien que haya iniciado un negocio o se ha convertido en autoempleado en los últimos 2 años	46,7%	39,4%	37,0%
Percibe oportunidades para emprender en el área en que Ud. vive en los próximos 6 meses	30,4%	24,9%	27,3%
Posee el conocimiento, habilidades y experiencia requerida para poner en marcha o iniciar un nuevo negocio	49%	46,1%	49,8%
Percibe que no pondría en marcha un negocio por miedo a que pudiese fallar	52,7%	60,5%	58,2%
Ha manifestado su intención de emprender en los próximos tres años	8,4%	38,0%	34,3%
Ha abandonado una actividad para cerrarla o traspasarla, o por jubilación	2,3%	8,5%	7,7%
Ha actuado como inversor informal	5,7%	1,8%	0,9%

TEA, tasa de iniciativas de entre 0 y 3,5 años en el mercado sobre población de 18-64 años residente en Región de Murcia

	2023	2022	2021
TEA Total	6,1%	5,1%	4,1%
TEA Mujeres (sobre total de mujeres de 18-64 años)	5,1%	4,9%	4,9%
TEA Hombres (sobre total de hombres de 18-64 años)	7%	5,3%	3,3%

Empresas consolidadas: Porcentaje de población adulta en iniciativas de más de 3,5 años

	2023	2022	2021
TEA Total	5,1%	5,1%	4,1%
TEA Mujeres (sobre total de mujeres de 18-64 años)	4,9%	4,9%	4,9%
TEA Hombres (sobre total de hombres de 18-64 años)	4,3%	5,3%	3,3%

Distribución del TEA	2023	2022	2021
TEA – para marcar una diferencia en el mundo	43,6%	43%	51,0%
TEA – para crear una gran riqueza o generar una renta muy alta	33,7%	50%	56%
TEA – para continuar una tradición familiar	12,6%	24%	22%
TEA – para ganarse la vida porque el trabajo escasea (cuesta mucho conseguir un empleo)	68,7%	71%	83%
TEA del sector extractivo o primario	3,6%	6%	7%
TEA del sector transformador	13,3%	30%	17%
TEA del sector de servicios a empresas	30,9%	18%	42%
TEA del sector orientado al consumo	52,2%	46%	34%
TEA de 1-5 empleados	43%	41%	39,1%
TEA de 6-19 empleados	2,5%	14%	13%
TEA de 20 y más empleados	2,5%	3%	-
TEA iniciativas innovadoras en producto o servicio	31,9%	16,3%	12,6%
TEA iniciativas con alto nivel tecnológico.	4,9%	2%	4,9%
TEA iniciativas con medio nivel tecnológico	1,6%	2%	2,4%
TEA iniciativas que exportan en algún grado	26,2%	21,3%	15,2%
TEA iniciativas con notable expectativa de expansión a corto plazo	13,9%	4,2%	-
TEA rural	9,1%	-	-
TEA urbano	6,1%	-	-
TEA menos del 33% discapacidad	5,5%	23,5%	10,5%

Valoración media de los expertos de las condiciones de entorno	2023	2022	2021
Financiación para emprendedores	4,52	4,61	4,33
Políticas gubernamentales: emprendimiento como prioridad y su apoyo	4,73	5,04	5,43
Políticas gubernamentales: burocracia e impuestos	4,45	4,73	5,69
Programas gubernamentales	5,88	6,14	6,47
Educación y formación emprendedora etapa escolar	2,83	3,83	3,91
Educación y formación emprendedora etapa post escolar	5,44	5,73	5,78
Transferencia de I + D	4,69	4,59	4,9
Existencia y acceso a infraestructura comercial y profesional	5,79	5,43	6,34
Dinámica del mercado interno	4,91	4,29	3,52
Barreras de acceso al mercado interno	4,58	4,57	5,18
Existencia y acceso a infraestructura física y de servicios	6,69	6,36	6,93
Normas sociales y culturales	4,89	4,93	5,7
Percepción de la responsabilidad social de las empresas nuevas y en crecimiento	5,38	5,71	-
Percepción del respaldo cultural a las prácticas de sostenibilidad en empresas nuevas y en crecimiento	6,16	6,05	-
Percepción del grado de prioridad del gobierno nacional y normativa a las prácticas de sostenibilidad de empresas nuevas y en crecimiento	5,53	5,12	-
NECI (Índice de Contexto de Emprendimiento Nacional)	4,9	5	-

CAPÍTULO 1
CONTEXTO EMPRENDEDOR

1.1 ¿Qué percibe la población?

1.2 ¿Hay diferencias entre CC.AA. en las actitudes y valoraciones sobre el emprendimiento?

1.3 ¿Qué perciben los expertos?

Capítulo 1. Contexto emprendedor

1.1 ¿Qué percibe la población?

Analizar el contexto emprendedor en la Región de Murcia a través de la opinión de la población sobre los valores y actitudes asociados al comportamiento emprendedor es el primer paso para comprender los niveles de emprendimiento en la región.

En concreto, GEM evalúa la percepción de la población adulta sobre los conocimientos que poseen para emprender, la posición ante el miedo el fracaso y los referentes emprendedores. Estos son tres de los factores que se consideran determinantes directos de la intención emprendedora.

El gráfico 1.1.1. muestra que la mitad de la población reconoce tener los conocimientos necesarios para emprender, un porcentaje ligeramente superior al de España (45%). Este porcentaje se mantiene estable en los últimos años en la región, sin embargo, un factor positivo es el aumento de los conocimientos que tiene la población involucrada, de tal forma que toda la población reconoce tener conocimientos para emprender (desde el 76% en 2022 al 100% en 2023).

Otro aspecto positivo es la reducción de 7 puntos porcentuales en el miedo al fracaso entre la población murciana (del 60,5% en 2022 al 52,7% en 2023). Esta disminución, sitúa el miedo al fracaso entre la población involucrada en el 36%, igual que en el conjunto de España, donde también se reduce.

Por último, casi el 50% de la población reconoce tener referentes emprendedores en su círculo cercano, algo que se considera clave para impulsar el comportamiento emprendedor. Entre los emprendedores, este porcentaje es bastante superior (72,2%) y mejora sensiblemente la cifra de España (66%).

Gráfico 1.1.1
PERCEPCIONES SOBRE VALORES Y ACTITUDES EN 2022

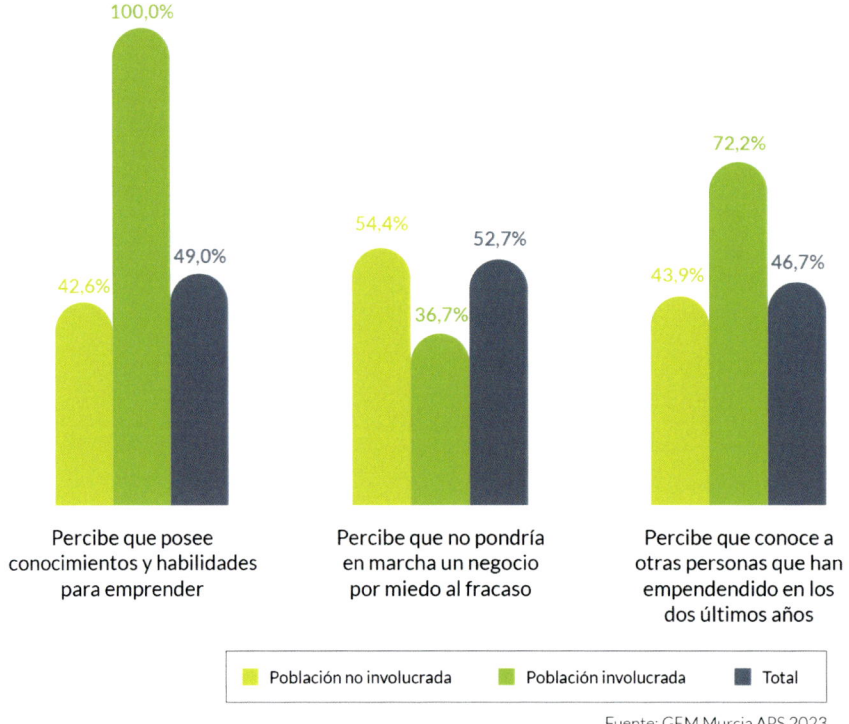

Fuente: GEM Murcia APS 2023

Además de estos factores que influyen en el comportamiento emprendedor de la población, la tasa de emprendimiento vendrá condicionada por la percepción que la población tiene acerca de la existencia de buenas oportunidades para emprender en la región.

En este sentido, se observa un aumento de 6 puntos porcentuales respecto al año anterior. Un 30,5% de la población es optimista sobre las oportunidades para emprender, llegando hasta el 40,6% entre la población emprendedora. Estos datos reflejan una mejora sensiblemente superior al conjunto de España, donde un 38% de la población emprendedora observa buenas oportunidades en 2023, frente al 33% de 2022.

Gráfico 1.1.2
PERCEPCIÓN DE OPORTUNIDADES PARA EMPRENDER EN 2022

Fuente: GEM Murcia APS 2023

Si observamos el gráfico 1.1.3. vemos como el optimismo entre la población involucrada acerca de las oportunidades para emprender ha recuperado los niveles previos a la pandemia. El conjunto de la población confirma la tendencia alcista recuperada tras 2020, pero aún se mantiene lejos de los niveles de 2019.Si observamos cómo ha evolucionado la percepción sobre las oportunidades para emprender en la región (gráfico 1.1.3.), podemos ver una corrección tras el repunte que se produjo en 2021, después de la pandemia y, que sitúa las expectativas en niveles de 2018.

Si tenemos en cuenta el sexo de la población (gráfico 1.1.4.), se observan diferencias en favor de los hombres emprendedores. Concretamente, un 77,8% de los hombres cree tener los conocimientos y habilidades necesarias para emprender, en comparación con un 73,8% de las mujeres. Aunque la diferencia no es muy grande, se observa que los hombres tienen una mayor confianza en su capacidad para emprender. Así mismo, el 46,0% de las mujeres manifiesta que no iniciaría un negocio debido al miedo al fracaso, mientras que solo el 41,3% de los hombres siente lo mismo. Las mujeres, en este caso, parecen estar más condicionadas por el miedo al fracaso que los hombres. Por último, el 42,9% de los hombres afirma conocer a personas que han emprendido recientemente, en comparación con el 35,2% de las mujeres. Esto sugiere que los hombres tienen más conexiones o conocimiento de redes de emprendedores. Lo mismo ocurre con la percepción de oportunidades, las mujeres tienen una percepción de oportunidades 10 puntos menor que los hombres (33,3% frente al 23,3%). Sin duda estas percepciones afectan a la menor propensión de las mujeres a emprender.

Gráfico 1.1.3
EVOLUCIÓN DE LA PERCEPCIÓN DE OPORTUNIDADES PARA EMPRENDER

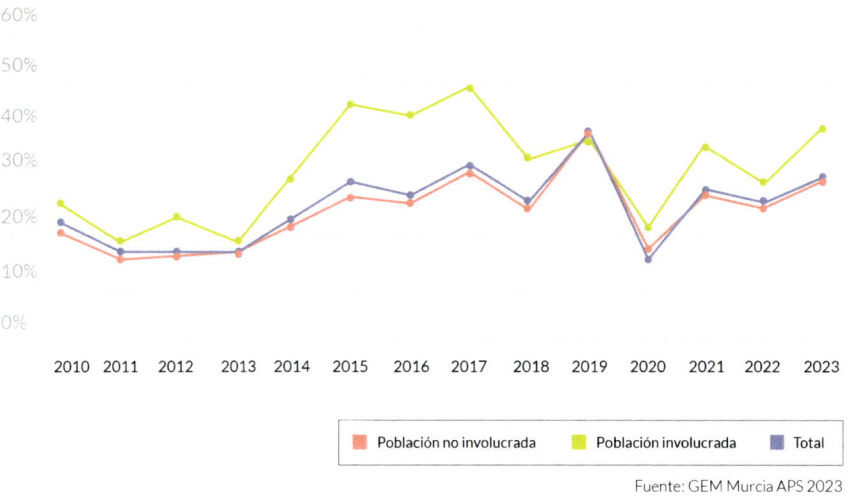

Fuente: GEM Murcia APS 2023

Estas diferencias entre hombres y mujeres se observan también en el conjunto de España en relación con los modelos de referencia y las oportunidades para emprender. Sin embargo, en España, si se observan niveles similares de miedo al fracaso, y capacitación entre hombres y mujeres.

Gráfico 1.1.4
PERCEPCIÓN DE VALORES Y ACTITUDES EN FUNCIÓN DEL SEXO

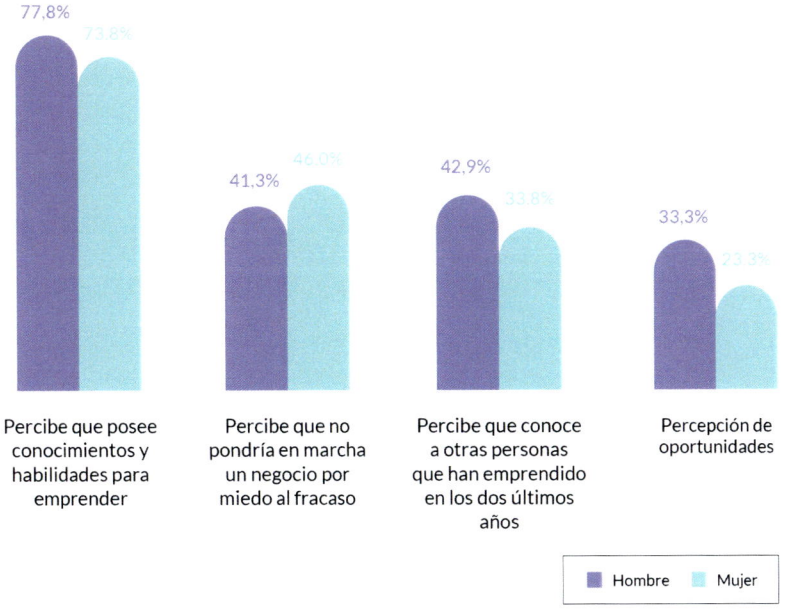

1.2 ¿Hay diferencias entre CC.AA. en las actitudes y valoraciones sobre el emprendimiento?

Para establecer la posición relativa de la Región de Murcia en cuanto a los factores contextuales que influyen en la tasa de emprendimiento, se presenta la comparación de las principales variables con el resto de CC. AA y con el conjunto de España (gráfico 1.2.1).

Así se observa cómo la región tiene unos valores similares al conjunto de España en cuanto a la percepción de oportunidades en su entorno y a la existencia de referentes emprendedores. Sin embargo, es en los factores individuales, la percepción de conocimientos y habilidades y el miedo al fracaso, en donde la región se encuentra en una peor situación relativa.

Por CC. AA, la Región de Murcia se sitúa entre las seis comunidades autónomas con peor valoración de los conocimientos y habilidades que tiene su población para emprender, (Galicia, Castilla y León, País Vasco, Navarra, I.

Canarias y Región de Murcia, respectivamente), y entre las cuatro comunidades con mayor miedo al fracaso (Asturias, Cantabria, País Vasco y Región de Murcia, de mayor a menor).

Aun siendo un dato desfavorable, la posición relativa de la región ha mejorado en cuanto al miedo al fracaso respecto al año 2022, momento en que nos encontrábamos entre las dos comunidades con mayor valor.

Por el contrario, aunque aumenta el porcentaje de conocimientos y habilidades que se perciben en la población (49,0% frente al 46,1% de 2022) la posición relativa empeora en dos posiciones respecto al año pasado en el que ocho comunidades autónomas tenían peor nivel que la región.

El análisis de la percepción de la población murciana respecto al emprendimiento revela que, si bien la mitad de la población considera tener los conocimientos necesarios para emprender, los datos son más alentadores entre la población involucrada, reconociendo el 100% de emprendedores su capacitación en 2023. Asimismo, se ha reducido el miedo al fracaso en 7 puntos porcentuales en la región, situándose al nivel del conjunto de España. Por otro lado, casi el 50% de la población reconoce contar con referentes emprendedores, un aspecto clave para fomentar el emprendimiento. Además, se observa un aumento en el optimismo sobre las oportunidades para emprender, alcanzando el 40,6% entre la población emprendedora, lo cual es una mejora respecto al año anterior. Sin embargo, persisten diferencias de género en cuanto a la percepción del contexto emprendedor, con desventajas para las mujeres en la Región de Murcia.

Se ha reducido el miedo al fracaso en 7 puntos porcentuales en la región, situándose al nivel del conjunto de España

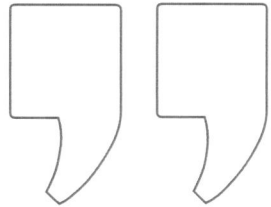

Gráfico 1.2.1
POSICIONAMIENTO SOBRE VALORES Y ACTITUDES
OPORTUNIDADES PARA EMPRENDER

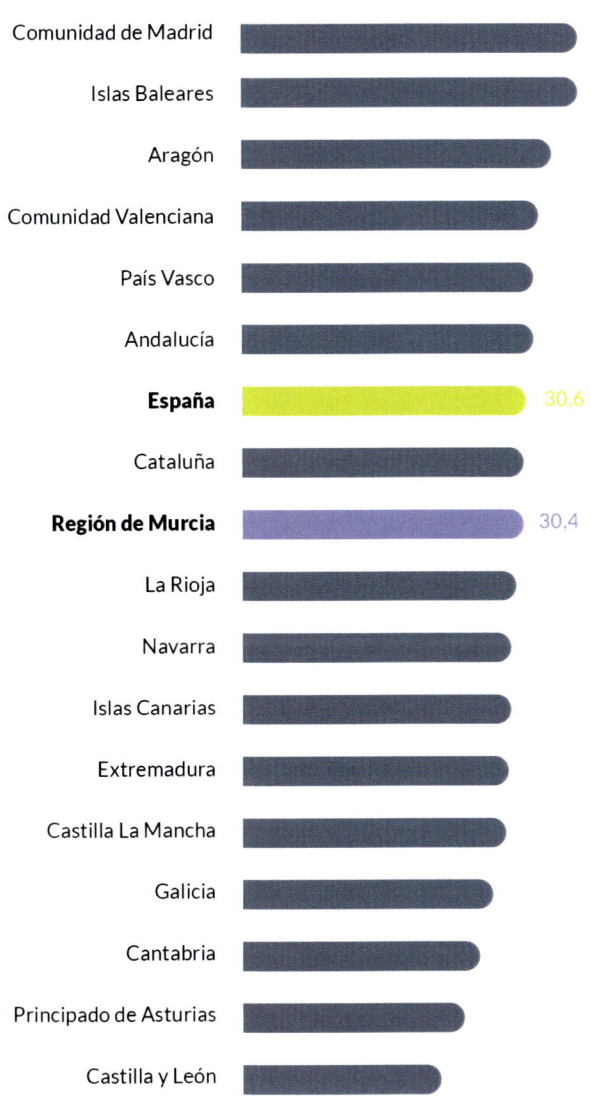

Comunidad de Madrid
Islas Baleares
Aragón
Comunidad Valenciana
País Vasco
Andalucía
España — 30,6
Cataluña
Región de Murcia — 30,4
La Rioja
Navarra
Islas Canarias
Extremadura
Castilla La Mancha
Galicia
Cantabria
Principado de Asturias
Castilla y León

Fuente: GEM Murcia APS 2023

Gráfico 1.2.1
POSICIONAMIENTO SOBRE VALORES Y ACTITUDES
CONOCIMIENTOS Y HABILIDADES

Fuente: GEM Murcia APS 2023

Gráfico 1.2.1
POSICIONAMIENTO SOBRE VALORES Y ACTITUDES
MIEDO AL FRACASO

Principado de Asturias

Cantabria

País Vasco

Región de Murcia — 52.6

Extremadura

Galicia

La Rioja

Aragón

Castilla y León

Castilla La Mancha

Andalucía

España — 48,7

Cataluña

Islas Canarias

Comunidad de Madrid

Navarra

Comunidad Valenciana

Islas Baleares

Fuente: GEM Murcia APS 2023

Gráfico 1.2.1
**POSICIONAMIENTO SOBRE VALORES Y ACTITUDES
MODELOS DE REFERENCIA**

Islas Baleares	
Extremadura	
Andalucía	
Comunidad Valenciana	
Cataluña	
Islas Canarias	
España	48,3
Galicia	
Región de Murcia	46,7
Castilla y León	
Aragón	
Comunidad de Madrid	
Cantabria	
Castilla La Mancha	
Navarra	
Principado de Asturias	
País Vasco	
La Rioja	

Fuente: GEM Murcia APS 2023

1.3 ¿Qué perciben los expertos?

De acuerdo con la opinión de los expertos consultados, en 2023 la dimensión del entorno para emprender mejor valorada es la existencia y el acceso a infraestructura física y de servicios; son también destacables los factores relacionados con la sostenibilidad, como la percepción del respaldo cultural a las prácticas de sostenibilidad de empresas nuevas y en crecimiento y la precepción de la prioridad de prácticas de sostenibilidad medioambiental en empresas nuevas y en crecimiento. En el extremo inferior figuran educación y formación emprendedora en etapa escolar y políticas gubernamentales que reducen la burocracia y los impuestos a las empresas. Los valores obtenidos en 2023 son -en términos generales- ligeramente inferiores a los del año anterior (gráfico 1.3.1.).

A continuación, se compara el valor obtenido por las dimensiones del entorno en la Región de Murcia con el del conjunto de España. Como se puede observar, los valores de la Región de Murcia son superiores a los nacionales en prácticamente todas las dimensiones. Las principales diferencias se dan en percepción de la prioridad de prácticas de sostenibilidad medioambiental en empresas nuevas y en crecimiento, facilidad para acceder a financiación para emprendedores y en normas sociales y culturales de apoyo al emprendimiento, aunque también hay otras dimensiones cuya diferencia es importante, tal como se puede apreciar en el gráfico 1.3.2.

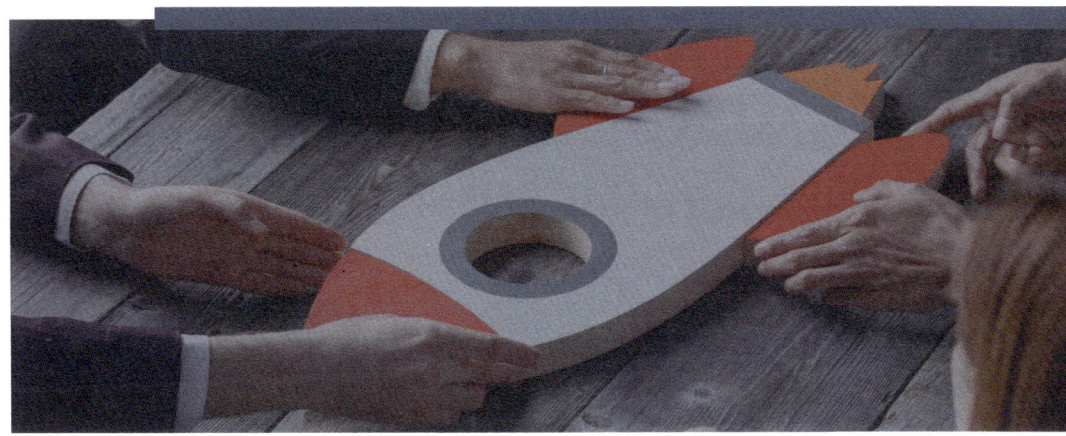

Gráfico 1.3.1
VALOR MEDIO DE LAS CONDICIONES DEL ENTORNO PARA EMPRENDER[1]

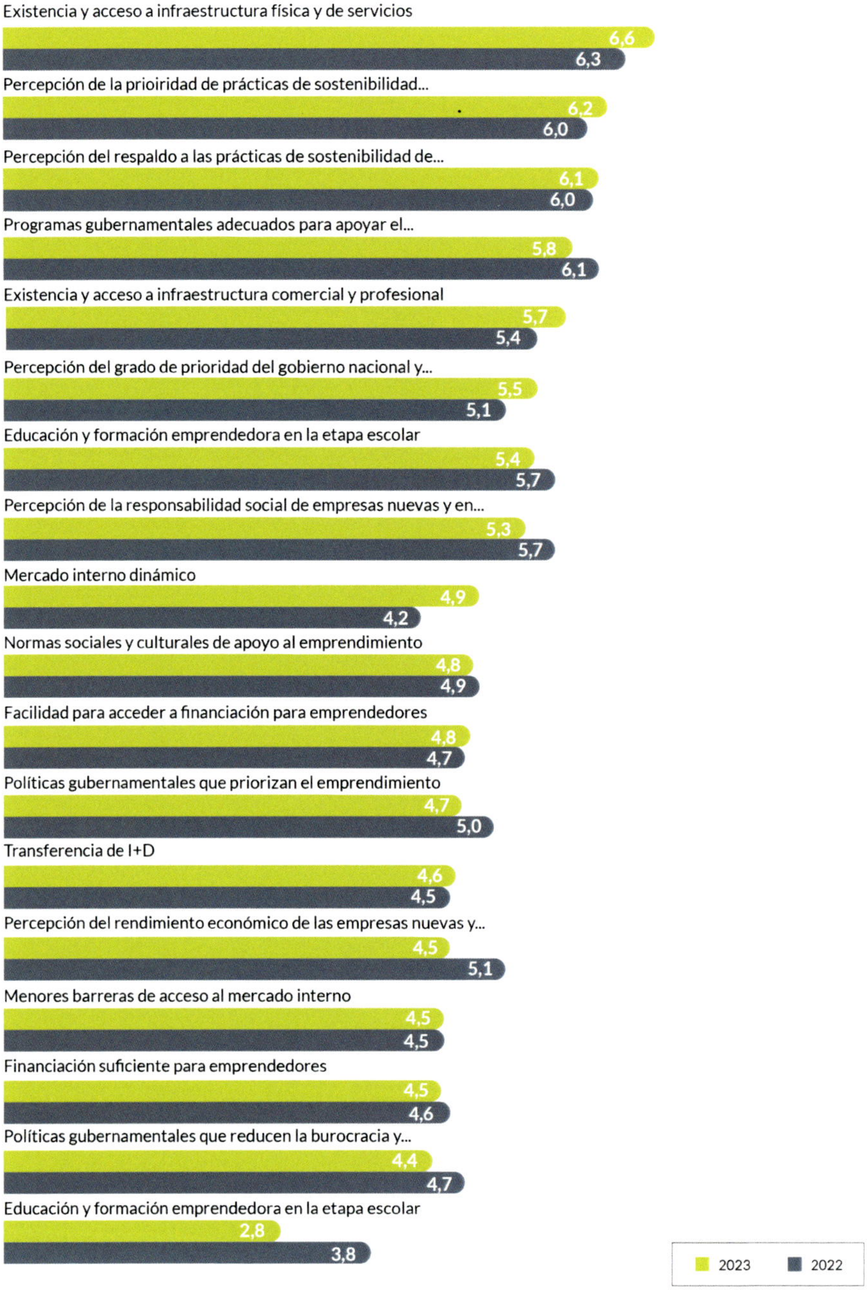

Existencia y acceso a infraestructura física y de servicios
- 2023: 6,6
- 2022: 6,3

Percepción de la prioiridad de prácticas de sostenibilidad...
- 2023: 6,2
- 2022: 6,0

Percepción del respaldo a las prácticas de sostenibilidad de...
- 2023: 6,1
- 2022: 6,0

Programas gubernamentales adecuados para apoyar el...
- 2023: 5,8
- 2022: 6,1

Existencia y acceso a infraestructura comercial y profesional
- 2023: 5,7
- 2022: 5,4

Percepción del grado de prioridad del gobierno nacional y...
- 2023: 5,5
- 2022: 5,1

Educación y formación emprendedora en la etapa escolar
- 2023: 5,4
- 2022: 5,7

Percepción de la responsabilidad social de empresas nuevas y en...
- 2023: 5,3
- 2022: 5,7

Mercado interno dinámico
- 2023: 4,9
- 2022: 4,2

Normas sociales y culturales de apoyo al emprendimiento
- 2023: 4,8
- 2022: 4,9

Facilidad para acceder a financiación para emprendedores
- 2023: 4,8
- 2022: 4,7

Políticas gubernamentales que priorizan el emprendimiento
- 2023: 4,7
- 2022: 5,0

Transferencia de I+D
- 2023: 4,6
- 2022: 4,5

Percepción del rendimiento económico de las empresas nuevas y...
- 2023: 4,5
- 2022: 5,1

Menores barreras de acceso al mercado interno
- 2023: 4,5
- 2022: 4,5

Financiación suficiente para emprendedores
- 2023: 4,5
- 2022: 4,6

Políticas gubernamentales que reducen la burocracia y...
- 2023: 4,4
- 2022: 4,7

Educación y formación emprendedora en la etapa escolar
- 2023: 2,8
- 2022: 3,8

■ 2023 ■ 2022

(1): En una escala desde 0=condiciones extremadamente malas a 10=condiciones extremadamente buenas.
Fuente: GEM España NES 2022, 2023.

Gráfico 1.3.2
CONDICIONES DEL ENTORNO PARA EMPRENDER EN MURCIA Y ESPAÑA

Fuente: GEM Murcia APS 2023

Seguidamente, se compara la situación de la Región de Murcia con la del resto de comunidades autónomas. Se emplea para ello el índice NECI (Índice de Contexto de Emprendimiento Nacional), el cual se obtiene calculando la media de los valores otorgados por los expertos a las dimensiones del entorno. Con un índice NECI = 4,9, la Región de Murcia se sitúa en los primeros lugares, por detrás de País Vasco, Comunidad de Madrid, Cataluña, País Vasco, Castilla la Mancha y Asturias, y al mismo nivel que La Rioja (gráfico 1.3.3.).

La destacada posición de la Región de Murcia en el Índice NECI, con una puntuación de 4,9, refleja un entorno altamente favorable para el emprendimiento, lo que permite la creación y el crecimiento sostenido de nuevas empresas. Este contexto propicio no solo atrae inversión, tanto nacional como internacional, sino que también retiene y capta talento, consolidando a la región como un foco de innovación y desarrollo. Además, el entorno emprendedor facilita el acceso a recursos, infraestructuras y apoyo financiero, lo que permite a los emprendedores escalar sus proyectos con mayor facilidad. Comparada favorablemente con comunidades autónomas como País Vasco, Madrid y Cataluña, Murcia se posiciona de forma competitiva en el panorama nacional. Este resultado, además, refuerza el compromiso de las autoridades locales y regionales para continuar desarrollando políticas y programas que fomenten la actividad emprendedora, contribuyendo al crecimiento económico y social de la región.

En otro orden de cosas, los expertos consultados perciben el apoyo financiero (19,6% de los expertos) seguido de cerca por los programas gubernamentales (16,7%) como las dimensiones del entorno que en mayor medida suponen un soporte para la creación de empresas. Después aparecen, no muy alejadas, la transformación digital, la capacidad emprendedora, las políticas gubernamentales, la transferencia de I+D y, la educación y formación (gráfico 1.3.4.).

En cuanto a las recomendaciones que realizan los expertos para favorecer el emprendimiento, destacan las políticas gubernamentales (30,6% de los expertos) y el apoyo financiero (19,4%). Se pueden citar también en este grupo los programas gubernamentales, la transferencia de I+D, la educación y formación y el contexto político, social e institucional. Con cifras más reducidas se encuentran entre las recomendaciones las nuevas oportunidades de negocio, la capacidad emprendedora, el acceso a infraestructura física y la transformación digital (gráfico 1.3.5.).

Gráfico 1.3.3
ÍNDICE DE CONTEXTO DE EMPRENDIMIENTO NACIONAL (NECI) POR CC.AA.

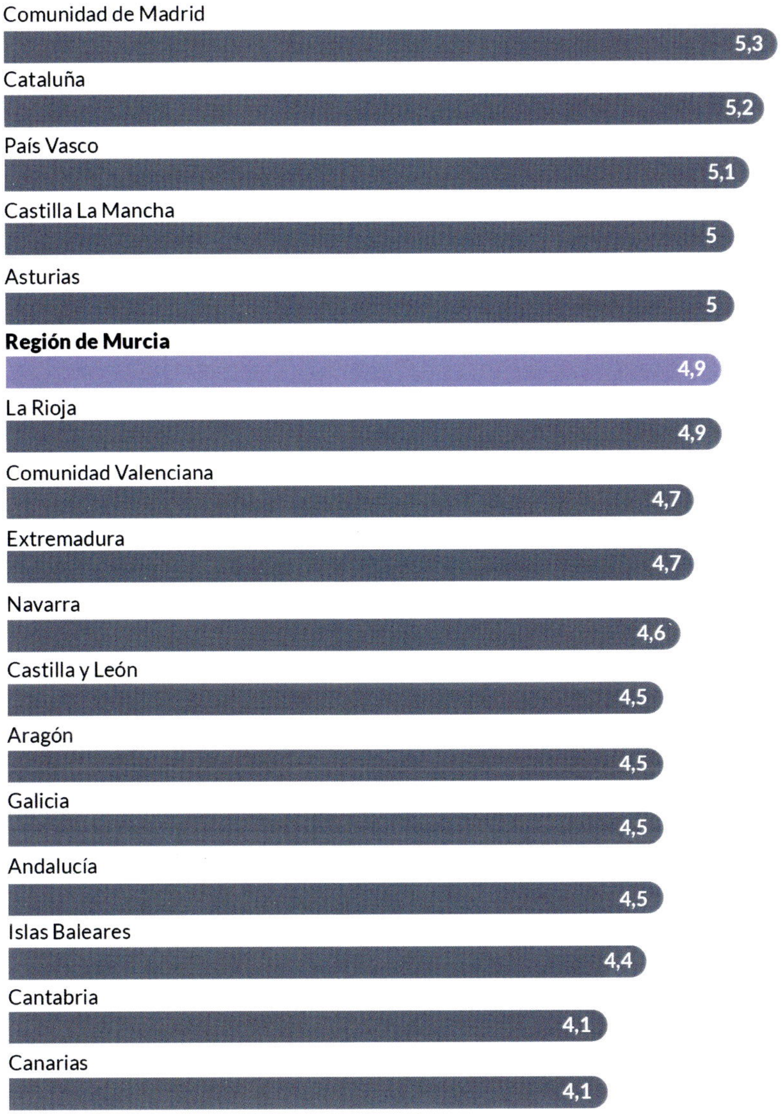

Comunidad de Madrid
5,3

Cataluña
5,2

País Vasco
5,1

Castilla La Mancha
5

Asturias
5

Región de Murcia
4,9

La Rioja
4,9

Comunidad Valenciana
4,7

Extremadura
4,7

Navarra
4,6

Castilla y León
4,5

Aragón
4,5

Galicia
4,5

Andalucía
4,5

Islas Baleares
4,4

Cantabria
4,1

Canarias
4,1

Fuente: GEM Murcia APS 2023

Gráfico 1.3.4
PERCEPCIÓN DE APOYOS A LA ACTIVIDAD EMPRENDEDORA (% EXPERTOS).

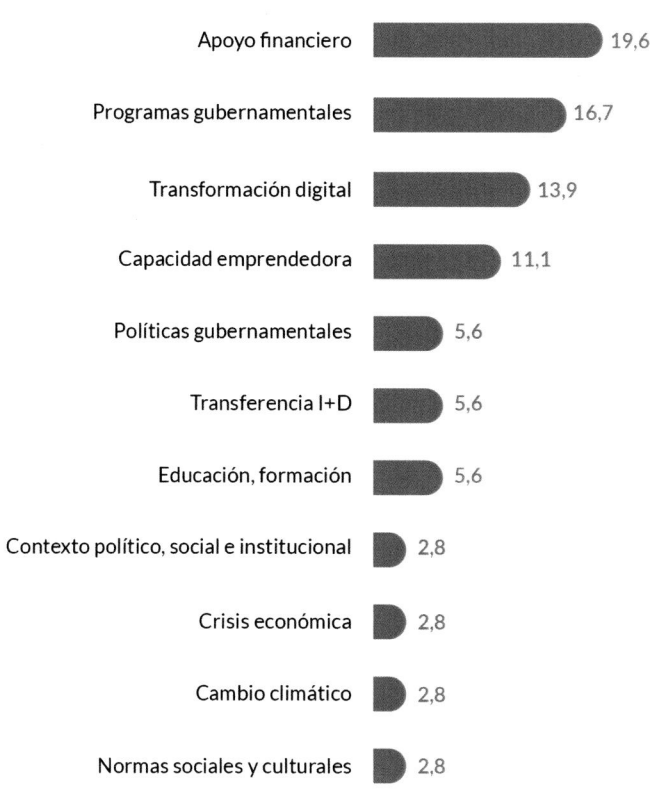

Apoyo financiero	19,6
Programas gubernamentales	16,7
Transformación digital	13,9
Capacidad emprendedora	11,1
Políticas gubernamentales	5,6
Transferencia I+D	5,6
Educación, formación	5,6
Contexto político, social e institucional	2,8
Crisis económica	2,8
Cambio climático	2,8
Normas sociales y culturales	2,8

Fuente: GEM Murcia APS 2023

La Región de Murcia presenta un entorno moderadamente favorable para la creación de empresas ya que los aspectos considerados en el análisis obtienen unos valores que oscilan entre 4,45 y 6,69 (en una escala de 1 a 10), salvo el caso de educación y formación emprendedora en etapa escolar, que queda en 2,83. Las dimensiones del entorno mejor valoradas por los expertos son existencia y acceso a infraestructura física y de servicios, percepción de la prioridad de prácticas de sostenibilidad medioambiental en empresas y percepción del respaldo a las prácticas de sostenibilidad de empresas nuevas y en crecimiento. Por el contrario, los peores datos corresponden a la

Gráfico 1.3.5
PRINCIPALES RECOMENDACIONES PARA FAVORECER LA CREACIÓN DE EMPRESAS (% DE EXPERTOS)

Políticas gubernamentales	30,6
Apoyo financiero	19,4
Programas gubernamentales	8,3
Transferencia I+D	8,3
Educación, formación	5,6
Contexto político, social e institucional	5,6
Nuevas oportunidades de negocio	2,8
Capacidad emprendedora	2,8
Acceso a infraestructura física	2,8
Transformación digital	2,8

Fuente: GEM Murcia APS 2023

ya citada formación emprendedora en etapa escolar y a políticas gubernamentales que reducen la burocracia y los impuestos a las empresas. En su conjunto, los valores obtenidos son ligeramente inferiores a los de 2022.

Por otro lado, se comprueba que los valores correspondientes a la Región de Murcia son superiores a los del conjunto de España. Destacan los casos de percepción de la prioridad de prácticas de sostenibilidad medioambiental en empresas nuevas y en crecimiento, facilidad para acceder a financiación para emprendedores y normas sociales y culturales de apoyo al emprendimiento.

Si se utiliza el índice NECI para comparar con el resto de las comunidades autónomas, se observa que la Región de Murcia, con un índice NECI de 4,9, se sitúa en los primeros lugares. Se encuentra detrás de País Vasco, Comunidad de Madrid, Cataluña, País Vasco, Castilla la Mancha y Asturias.

Entre los principales apoyos a la creación de empresas, a juicio de los expertos, destacan apoyo financiero, seguido de cerca por programas gubernamentales. Después aparecen, no muy alejados, transformación digital, capacidad emprendedora, políticas gubernamentales, transferencia de I+D y educación y formación.

Entre sus recomendaciones para facilitar la creación de empresas se pueden citar: programas gubernamentales, transferencia de I+D, educación y formación y contexto político, social e institucional, entre otros.

La Región de Murcia, con un índice NECI de 4,9 se sitúa en los primeros lugares.

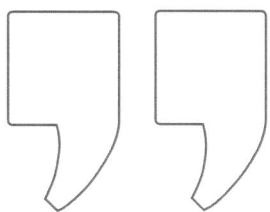

CAPÍTULO 2
EL PROCESO EMPRENDEDOR

2.1 Indicadores del proceso emprendedor

2.2. Dinámica de la actividad emprendedora

2.3. Perspectiva internacional y por CC.AA. de las actitudes y valoraciones sobre el emprendimiento

Capítulo 2.
El proceso emprendedor

2.1 Indicadores del proceso emprendedor

El proyecto GEM (Global Entrepreneurship Monitor) tiene como objetivo principal evaluar los niveles de emprendimiento en un territorio específico utilizando diversos indicadores de actividad. Para ello, se analizan distintas fases del desarrollo en el proceso emprendedor, según se ilustra en el gráfico 2.1.1. Este análisis permite identificar a los individuos involucrados en iniciativas empresariales, incluidas aquellas de autoempleo, que son impulsadas por personas de entre 18 y 64 años. Estas iniciativas abarcan cualquier sector económico y no superan los 42 meses desde su creación.

El proceso emprendedor comienza con la intención de emprender en los próximos tres años. La siguiente fase es cuando el individuo ha puesto en marcha un negocio naciente, caracterizado por no tener más de tres meses de actividad. Posteriormente, se encuentra la fase del emprendedor nuevo, cuya empresa tiene menos de 42 meses de funcionamiento.

Después de estas fases iniciales, el proceso emprendedor se bifurca en dos caminos paralelos. Uno de estos caminos es el abandono de la actividad empresarial por parte del emprendedor. El otro camino implica la gestión de un negocio nuevo o establecido que ha superado los 42 meses de funcionamiento. Con estas dos últimas fases, se concluye el proceso emprendedor.

Los indicadores correspondientes a estas fases para la Región de Murcia y la media española en el año 2023 se presentan en el gráfico 2.1.1.

Gráfico 2.1.1
**EL PROCESO EMPRENDEDOR EN MURCIA Y ESPAÑA
SEGÚN EL PROYECTO GEM**

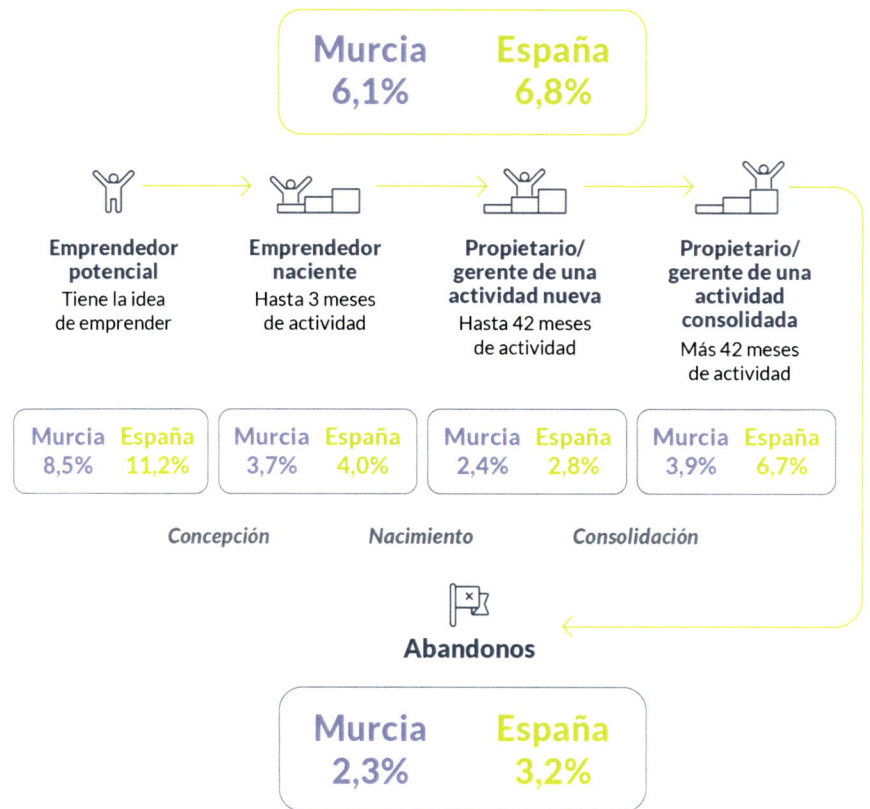

El primer indicador del proceso emprendedor revela que, en nuestra región, el 8,5% de la población adulta tiene la intención de emprender en los próximos tres años, situándose en la categoría de emprendedor potencial. Este año, al igual que en años anteriores, la media regional sigue estando por debajo de la media española, con una diferencia de 2,7 puntos porcentuales (11,2%). La diferencia es especialmente notable este año debido al aumento de la cifra nacional, mientras que la cifra correspondiente a la Región de Murcia se ha mantenido constante en comparación con el año 2022, como se muestra en el gráfico 2.1.2.

Si bien la tasa de emprendedores potenciales anticipa la situación emprendedora en un territorio, es la Tasa de Actividad Emprendedora Total (TEA) el indicador que refleja la situación real del emprendimiento. Este indicador muestra el porcentaje de la población adulta, entre 18 y 64 años, que a mediados del año está involucrada en actividades emprendedoras. En 2023, la TEA se situó en un 6,1%, lo que representa un incremento de casi un 20% en comparación con el 5,1% registrado en 2022, continuando así con la tendencia ascendente de años anteriores. Aunque la Región de Murcia aún está ligeramente por debajo de la media nacional del 6,8%, la brecha ha disminuido respecto al año pasado, lo que demuestra un progreso significativo en la capacidad emprendedora de la región.

Gráfico 2.1.2
TASAS DE ACTIVIDAD EMPRENDEDORA EN MURCIA Y ESPAÑA (%)

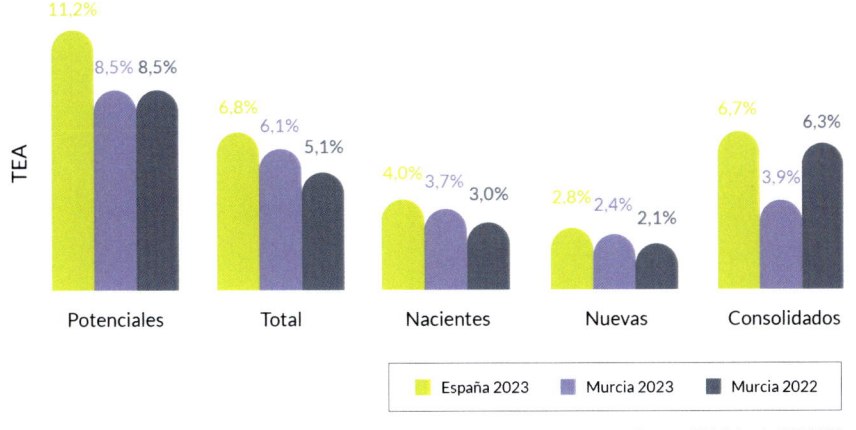

Fuente: GEM Murcia APS 2023

Respecto a los dos indicadores que conforman la TEA, en primer lugar, se encuentran los emprendedores nacientes, un indicador que refleja el porcentaje de personas que están intentando poner en marcha un negocio y que, aunque han invertido tiempo y esfuerzo, aún no han pagado salarios por más de tres meses. Esta tasa se sitúa en el 3,7%. En segundo lugar, se considera a aquellos individuos que son dueños y gestores de negocios nuevos, con una tasa del 2,4%.

Como en el año anterior, y de manera similar a lo observado en España, esta distribución muestra una tendencia diferente a la de años anteriores, cuando la participación de la población regional en negocios nuevos era mayor que en negocios nacientes. Específicamente, en el año 2023, en la Región de Murcia, el 60,6% de la TEA corresponde a emprendedores nacientes, mientras que el 39,4% restante corresponde a emprendedores nuevos.

Estos resultados indican que, al igual que en años anteriores, este año se observa un aumento en la cifra de emprendedores nacientes, alcanzando el 3,7%. Este crecimiento, de aproximadamente un 20%, es especialmente significativo al compararlo con los años anteriores, cuando la tasa fue del 3,0% en 2022, 2,3% en 2021 y 1,3% en 2020, mostrando una tendencia ascendente constante en el emprendimiento. De manera similar, los emprendedores nuevos también han experimentado un incremento. En 2023, esta tasa se sitúa en el 2,4%, lo que representa un aumento del 14% en comparación con el 2,1% registrado en 2022.

Por lo tanto, estos datos permiten concluir que el crecimiento de la TEA en la Región de Murcia, que ha alcanzado el 6,1% en 2023, está condicionado por el incremento de sus dos componentes. Sin embargo, es importante destacar que, en proporción, este crecimiento se ha debido principalmente al aumento de los emprendedores nacientes, que crecieron casi un 20% frente al 14% de los emprendedores nuevos.

Además, en el proyecto GEM también se considera a los empresarios que han consolidado su empresa. Este indicador incluye a los individuos que poseen y gestionan un negocio que se ha afianzado en el mercado tras haber pagado salarios por más de 42 meses. En 2023, este indicador mostró que el 3,9% de la población adulta en la Región de Murcia se encontraba en esta categoría, según el gráfico 2.1.2. Al igual que en 2022, este año se rompe la tendencia al alza, descendiendo de manera notable en 2,4 puntos porcentuales. Es importante señalar que este resultado es el más bajo registrado en todos los años analizados, incluso durante aquellos afectados por la pandemia.

El gráfico 2.1.3 muestra la información desagregada por sexo. Si se atiende a la comparativa entre la media española y la Región de Murcia se observa que todos los indicadores han obtenido resultados menores para el caso murciano. Asimismo, si se analiza las diferencias en función del sexo respecto a la media española, se observa que el colectivo masculino se encuentra más cerca de la media española. Precisamente, la diferencia en el emprendimiento potencial es del 19,7% para los hombres y de 45,3% para las mujeres. Sobre la TEA, la diferencia entre hombres y mujeres es de 7,1% y de 19,6%, respectivamente. Finalmente, sobre las empresas consolidades, la diferencia con respecto a la media española es muy elevada tanto para el caso de los hombres como de las mujeres, en concreto, la diferencia es de 72,0% para hombres y 71,4% para las mujeres.

Gráfico 2.1.3
EMPRENDIMIENTO POTENCIAL, TEA Y EMPRESAS CONSOLIDADAS EN FUNCIÓN DEL SEXO EN MURCIA Y ESPAÑA (%)

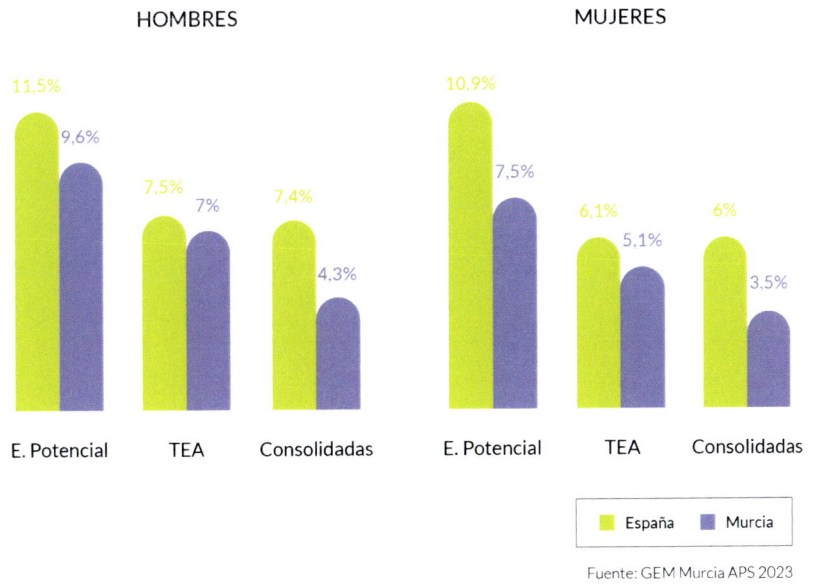

Fuente: GEM Murcia APS 2023

La creación de nuevos negocios sostenibles a lo largo del tiempo, que transiten de una fase inicial a una fase consolidada, es esencial. Para ello, las iniciativas emprendedoras deben ser capaces de evolucionar y evitar ser abandonadas. En este estudio se analizan los negocios abandonados, revelando que la proporción de personas involucradas en abandonos empresariales en 2023 es del 2,3%, en comparación con el 1,8% de la población encuestada en 2022 (gráfico 2.1.4).

Comparando este dato con la TEA, se observa que la cifra de abandonos es relativamente baja, lo que indica que los negocios iniciados tienen una alta viabilidad. No obstante, es importante destacar que esta cifra ha aumentado cerca de un 28% desde 2022. Sin embargo, este porcentaje sigue siendo inferior al de la media española, que se sitúa en un 3,2%.

Como ocurre todos los años, no todos los negocios señalados como abandonados cesaron su actividad de manera definitiva. En algunos casos, los negocios continuaron operativos bajo la dirección de otras personas, ya sea debido a la decisión de desvincularse de la gestión o a la oportunidad de vender el negocio. En 2023, este tipo de situaciones representó un 39,1%. Por lo tanto, la proporción de negocios que en realidad cerraron definitivamente se reduce al 1,6%. Esta cifra sigue una tendencia al alza observada en años anteriores (1,1% en 2022, 0,9% en 2021 y 0,4% en 2020).

Además, en este informe también se investigan las causas detrás de los cierres efectivos de negocios, como se muestra en el gráfico 2.1.4. En la Región de Murcia, por primera vez desde la pandemia, el motivo la pandemia de la COVID-19 ya no es relevante y no figura en el ranking. En primer lugar, al igual que en el caso español, las personas deciden cerrar sus empresas principalmente porque la empresa no era rentable (34,6%), seguido por otros trabajos o empresa (22,1%). En tercer lugar, se encuentra la oportunidad para vender (17,0%). Otros motivos relevantes, aunque con un peso relativo menor, incluyen la jubilación (13,1%) y motivos familiares o personales (8,7%).

Gráfico 2.1.4
ABANDONO DE LA ACTIVIDAD EMPRESARIAL EN MURCIA Y ESPAÑA

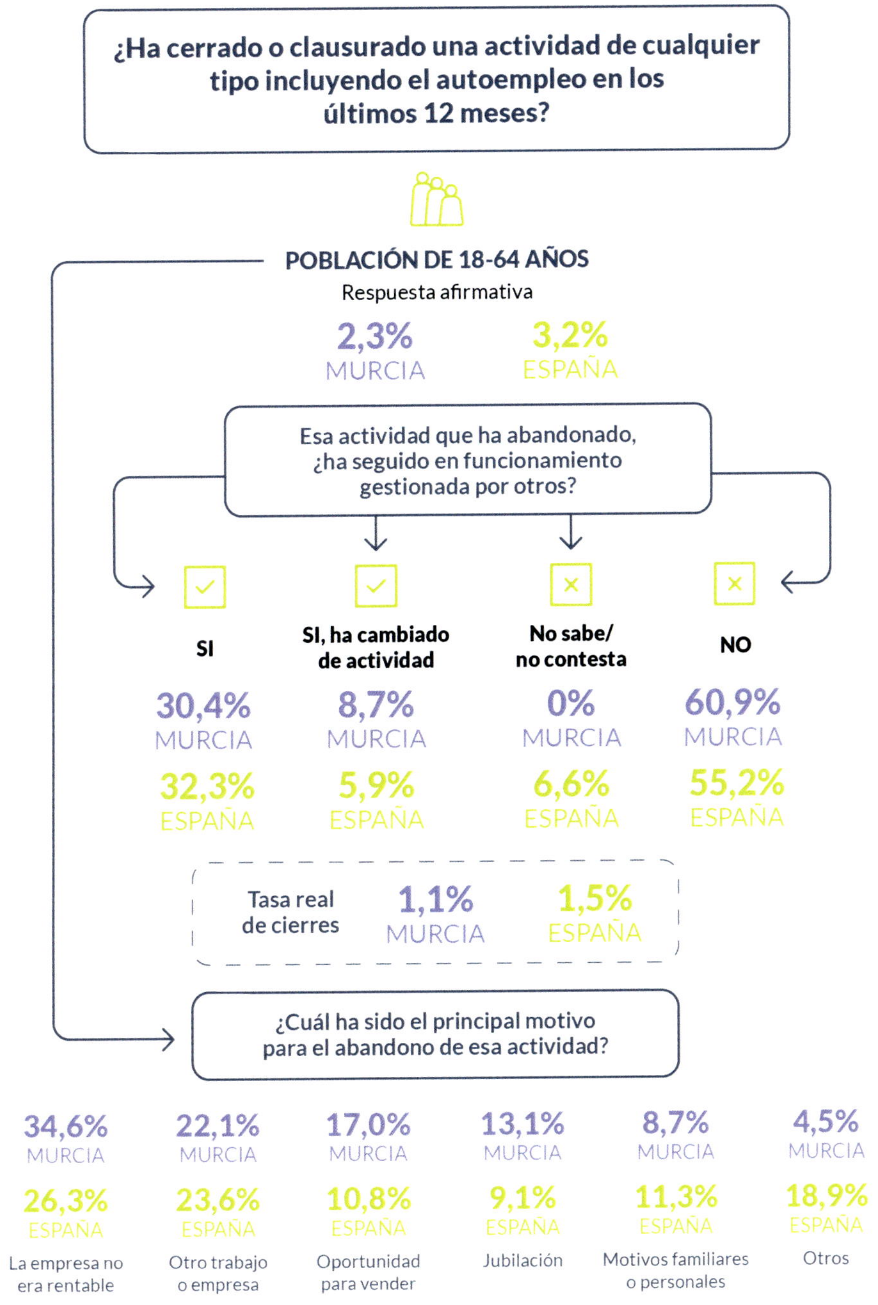

¿Ha cerrado o clausurado una actividad de cualquier tipo incluyendo el autoempleo en los últimos 12 meses?

POBLACIÓN DE 18-64 AÑOS
Respuesta afirmativa

2,3%
MURCIA

3,2%
ESPAÑA

Esa actividad que ha abandonado, ¿ha seguido en funcionamiento gestionada por otros?

SI	SI, ha cambiado de actividad	No sabe/ no contesta	NO
✓	✓	✕	✕
30,4% MURCIA	**8,7%** MURCIA	**0%** MURCIA	**60,9%** MURCIA
32,3% ESPAÑA	**5,9%** ESPAÑA	**6,6%** ESPAÑA	**55,2%** ESPAÑA

Tasa real de cierres   **1,1%** MURCIA   **1,5%** ESPAÑA

¿Cuál ha sido el principal motivo para el abandono de esa actividad?

La empresa no era rentable	Otro trabajo o empresa	Oportunidad para vender	Jubilación	Motivos familiares o personales	Otros
34,6% MURCIA	**22,1%** MURCIA	**17,0%** MURCIA	**13,1%** MURCIA	**8,7%** MURCIA	**4,5%** MURCIA
26,3% ESPAÑA	**23,6%** ESPAÑA	**10,8%** ESPAÑA	**9,1%** ESPAÑA	**11,3%** ESPAÑA	**18,9%** ESPAÑA

2.2 Dinámica de la actividad emprendedora

Continuando con el análisis de la TEA en la Región de Murcia, el gráfico 2.2.1 presenta su evolución temporal desde 2006 hasta 2023. Se observa que en 2020 la TEA interrumpió la tendencia de crecimiento sostenido que se había registrado desde 2016. Sin embargo, en el período comprendido entre 2021 y 2023, la TEA ha vuelto a experimentar un crecimiento. A pesar de esta recuperación, la TEA de la Región de Murcia sigue estando por debajo de la media española.

Gráfico 2.2.1
EVOLUCIÓN DE LA TEA EN MURCIA Y ESPAÑA (2006-2023)

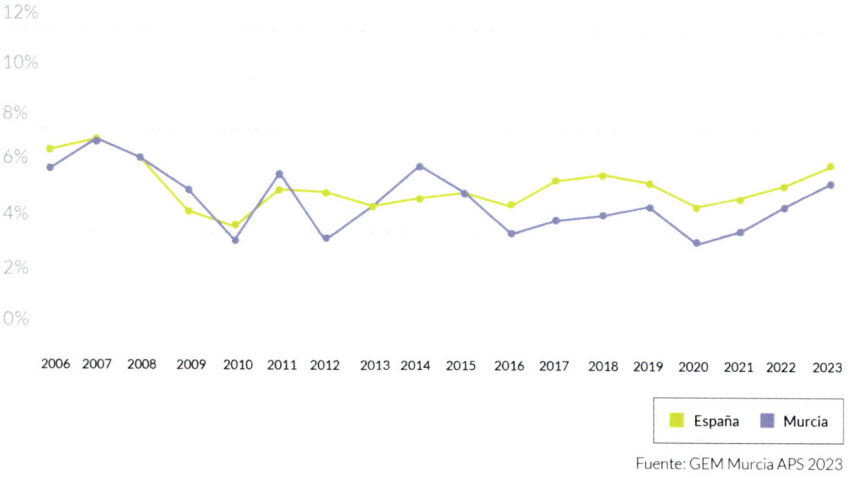

Fuente: GEM Murcia APS 2023

La evolución de las empresas consolidadas en la Región de Murcia y en España desde 2006 hasta 2023 se ilustra en el gráfico 2.2.2. Este indicador ha mostrado una tendencia volátil a lo largo del período analizado, con una configuración de dientes de sierra. Específicamente, se observa que entre 2010 y 2012 Murcia estuvo por debajo de la media española; en 2013 y 2014, superó ampliamente esta media; y en 2015 volvió a situarse por debajo. En 2016, las diferencias con respecto a la media española se incrementaron significativamente, pero en 2017 esta diferencia se redujo, llegando a situarse por encima de la media nacional en 2018. Sin embargo, desde 2019, Murcia ha permanecido consistentemente por debajo de la media española. Este año, la diferencia se ha incrementado notablemente, alcanzando los 2,8 puntos porcentuales.

Gráfico 2.2.2
**EVOLUCIÓN DE LA TASA DE ACTIVIDAD CONSOLIDADA
EN MURCIA Y ESPAÑA (2006-2023)**

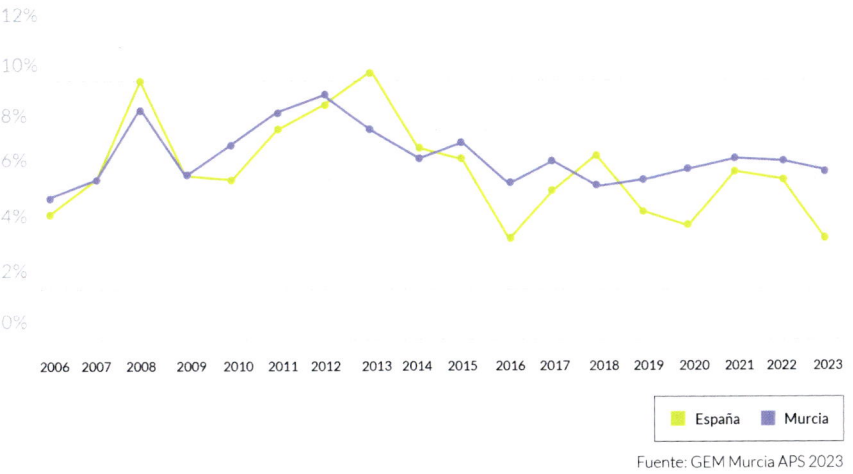

Fuente: GEM Murcia APS 2023

El gráfico 2.2.3 presenta la evolución de las iniciativas nacientes (aquellas con menos de tres meses de vida) e iniciativas nuevas (de cuatro meses a tres años y medio) tanto en Murcia como en España durante los últimos dieciocho años. Este análisis permite evaluar el crecimiento de las iniciativas emprendedoras recientes a lo largo de su ciclo de vida.

En los años en los que ambas categorías muestran un crecimiento, se evidencia una mayor confianza de los emprendedores en la fase inicial del proceso, lo que facilita su consolidación a lo largo del tiempo. Es el caso de la Región de Murcia durante el año 2023, donde las iniciativas nacientes aumentaron en 0,7 puntos porcentuales, mientras que las iniciativas nuevas crecieron en 0,3 puntos porcentuales. En contraste, en el ámbito nacional, España experimentó en 2023 un incremento de casi un punto porcentual en la tasa de iniciativas nacientes, mientras que las iniciativas nuevas se mantuvieron en el mismo nivel del año anterior. Este fenómeno indica que, a pesar del aumento en el abandono de iniciativas emprendedoras, no se produce una pérdida neta de iniciativas durante la fase inicial del proceso emprendedor.

Gráfico 2.2.3
**TASAS DE CRECIMIENTO Y DECRECIMIENTO DEL ÍNDICE TEA
EN MURCIA Y ESPAÑA (2007-2023) (PUNTOS PORCENTUALES)**

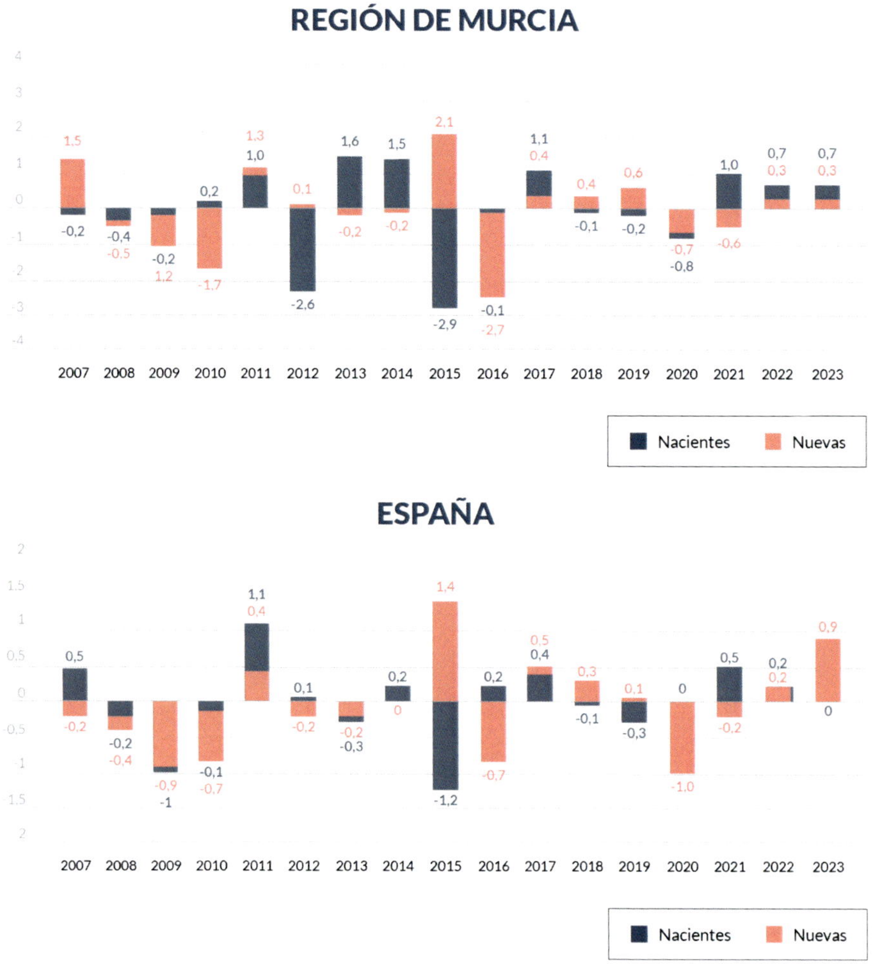

REGIÓN DE MURCIA

Fuente: GEM Murcia-España APS 2023

2.3 Perspectiva internacional y por CC.AA. de las actitudes y valoraciones sobre el emprendimiento

La tabla 2.3.1. presenta información a nivel internacional sobre las actitudes y valoraciones hacia el emprendimiento. Como se puede observar, este año, después de muchos años, España se ha clasificado en el grupo de los países de ingresos medios. Tanto España como Murcia se sitúan por debajo de la media del grupo de países con ingresos medios, como de la media de la Unión Europea (UE) en términos de emprendedores potenciales y la TEA. Los datos de emprendedores potenciales oscilan entre el 66,4% en Omán y el 3,5% en Polonia, mientras que la TEA varía desde el 31,3% en Panamá hasta el 2,6% en Polonia.

En cuanto a la población involucrada en empresas consolidadas, tanto en Murcia como en España, los porcentajes se sitúan por debajo de la media de la UE y de su grupo de ingresos. Específicamente, España se encuentra ligeramente por debajo de la media de la UE con un 6,7%, mientras que Murcia, con un 3,9%, está significativamente por debajo de la media europea del 7,6%. En la agrupación de los países de ingresos medios, el porcentaje de población involucrada en empresas consolidadas varía entre el 14,7% en Grecia y el 3,2% en Omán.

Además, otro dato relevante es el porcentaje de cierres de iniciativas emprendedoras, donde tanto España (2,2%) como Murcia (1,6%) se encuentran por debajo de la media de la UE (2,4%) y de su grupo de países de ingresos medios (3,6%), donde la variación es desde el 10,6% en Omán hasta el 1,2% en Lituania.

Tabla 2.3.1

PORCENTAJE DE LA POBLACIÓN ADULTA CON INTENCIÓN DE EMPRENDER E INVOLUCRADA EN NEGOCIOS EN FASE INICIAL (TEA), NEGOCIOS CONSOLIDADOS Y CIERRES DE ACTIVIDAD EMPRESARIAL EN 2023. DATOS POR TIPO DE ECONOMÍA

		Emprendedor potencial	TEA	Empresario consolidado	Abandono empresarial	Cierres	Continúa
Ingresos bajos	Promedio	34,2	17,8	9,1	7,7	5,8	1,9
UE	Promedio	15,6	9,3	7,6	3,4	2,4	1,1
Ingresos medios	Promedio	25,9	13,6	7,4	4,9	3,6	1,3
	España	11,2	6,8	6,7	3,2	2,2	1,0
	Murcia	8,5	6,1	3,9	2,3	1,6	0,7
	Chile	53,9	31,1	5,3	10,4	7,6	2,8
	Croacia	28,0	13,2	5,2	4,1	2,6	1,5
	Chipre	23,4	11,0	8,2	2,5	1,9	0,5
	Estonia	18,3	13,1	7,9	4,0	3,1	0,9
	Grecia	10,6	6,7	14,7	2,1	1,7	0,5
	Hungría	10,8	9,9	7,4	3,5	3,1	0,4
	Israel	18,5	8,7	3,5	3,7	2,9	0,7
	Letonia	24,4	24,3	10,7	3,7	2,5	1,2
	Lituania	12,0	6,7	14,6	2,9	1,2	1,7
	Omán	66,4	10,6	3,2	13,0	10,6	2,4
	Panamá	53,8	31,3	5,1	9,9	7,0	2,9
	Polonia	3,5	2,6	11,6	3,4	2,5	0,9
	Puerto Rico	37,2	22,3	6,0	4,7	3,1	1,5
	Rumania	9,0	5,9	5,1	1,4	1,3	0,1
	Eslovaquia	15,4	10,8	4,0	3,1	2,1	1,0
	Uruguay	43,8	26,2	7,3	7,9	5,5	2,4
Ingresos altos	Promedio	21,2	12,0	7,6	5,0	3,2	1,8

Fuente: GEM España, APS 2023

La situación del proceso emprendedor en las comunidades autónomas españolas se presenta en los gráficos 2.3.1. y 2.3.2. En el año 2023, la variación entre las comunidades autónomas en cada uno de los indicadores es menos pronunciada en comparación con la variación entre países, como se muestra en la tabla 2.3.1.

Sin embargo, existen diferencias significativas que merecen ser destacadas. En cuanto a los emprendedores potenciales en 2023 (gráfico 2.3.1.), el porcentaje de personas con intención de emprender en los próximos tres años varió entre valores de un 4 y un 14%. La Región de Murcia, en comparación con el año 2022, ha empeorado su situación y se encuentra por debajo de España con un 8,5%. Una posición similar se observa para Murcia en cuanto a los emprendedores nacientes.

No obstante, en el caso de los nuevos emprendedores, Murcia también se posiciona por debajo de la media española este año, pero ha mejorado significativamente su posición en comparación con el penúltimo lugar que ocupaba en el año 2022.

Gráfico 2.3.1
POSICIONAMIENTO A NIVEL NACIONAL

Fuente: GEM España APS 2023

En el caso de la TEA estimada por comunidades autónomas (gráfico 2.3.2.), esta varió entre el 4,0% en La Rioja y el 8,8% en las Islas Baleares. En este indicador, Murcia ha mejorado su posición respecto a 2021 y 2022, situándose en la novena posición, aunque todavía por debajo de la media española.

Las Islas Baleares lideraron el porcentaje de personas emprendedoras en fase consolidada con un 14,5%, mientras que Canarias registró el menor porcentaje con un 3,5%. En este aspecto, Murcia ha empeorado su situación en comparación con años anteriores, ubicándose en penúltimo lugar con un 3,9%.

Finalmente, el porcentaje de la población involucrada en cierres efectivos osciló entre el 0,8% en Cantabria y el 3,3% en Andalucía. En este caso, Murcia tiene un porcentaje de cierres de empresas inferior a la media española. Con un 1,6%, se sitúa entre las ocho mejores comunidades autónomas en porcentaje de cierres efectivos.

Gráfico 2.3.2
POSICIONAMIENTO A NIVEL NACIONAL

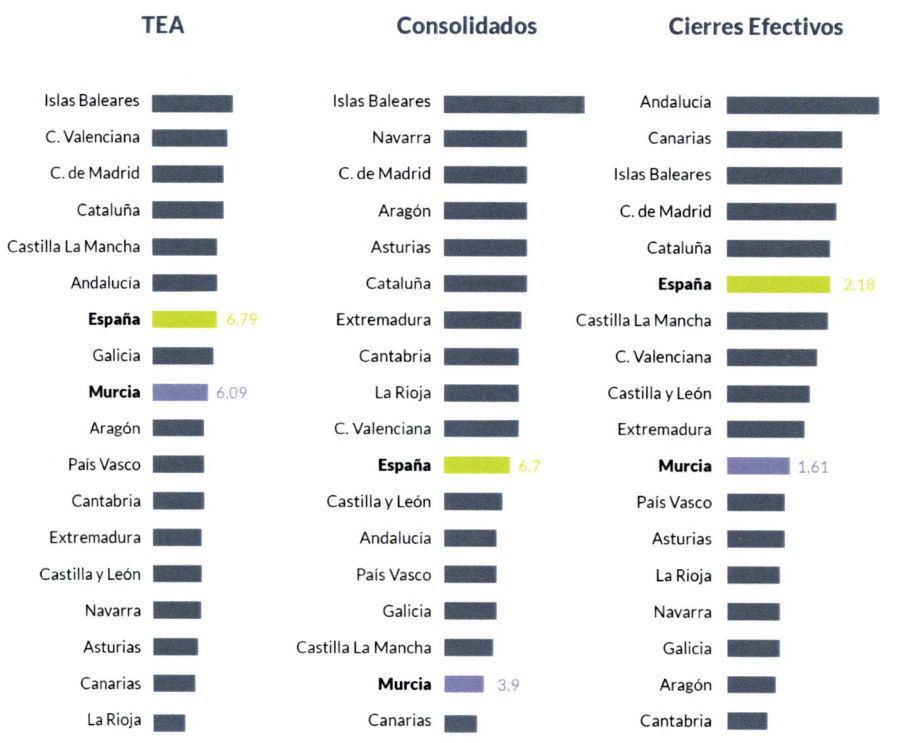

Fuente: GEM España APS 2023

Como conclusión, en 2023 la actividad emprendedora en Murcia sigue una tendencia creciente en la mayoría de los indicadores, una dinámica que también se ha observado en la mayoría de las comunidades autónomas. Sin embargo, es importante señalar que el crecimiento en otras comunidades ha sido superior al de Murcia, lo que ha dado como resultado que Murcia se sitúe por debajo de la media española en la mayoría de los indicadores.

No obstante, se debe destacar que Murcia continúa manteniéndose en una buena posición respecto al indicador de cierres efectivos de empresas, situándose por debajo de la media nacional. Este dato sugiere que, aunque en 2023 se crearon menos empresas en Murcia en comparación con otras comunidades, las empresas murcianas presentan un cierre de negocios efectivo menor que en el resto del país.

Murcia continúa manteniéndose en una buena posición respecto al indicador de cierres efectivos de empresas

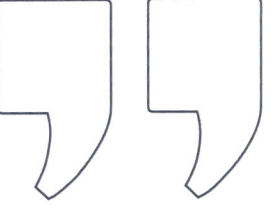

CAPÍTULO 3

PERFIL DE LA PERSONA QUE EMPRENDE

3.1 Motivaciones

3.2 Edad

3.3 Educación

Capítulo 3.
Perfil de la persona
que emprende

En este capítulo se analiza el perfil del emprendedor en Murcia. Se trata de entender mejor quiénes son estas personas detrás de las iniciativas empresariales que se están gestando en la región. Para ello, desglosamos distintos aspectos fundamentales que definen a estos emprendedores, tales como su edad, su nivel de educación y las motivaciones que los llevan a embarcarse en sus respectivas aventuras empresariales. Este análisis proporciona una visión más clara de las personas que están moldeando el panorama empresarial de la Región de Murcia.

3.1 Motivaciones

Los motivos que llevan a una persona a involucrarse en una actividad empresarial pueden ser muy diversos; por ello, el proyecto GEM distingue entre cuatro motivaciones básicas, no excluyentes, para emprender un nuevo negocio:

- El deseo de hacer algo que marque una diferencia en el mundo
- Crear una gran riqueza o generar una renta muy alta
- Continuar una tradición familiar
- Ganarse la vida porque el trabajo escasea

El hecho de que no sean excluyentes implica que una persona pueda señalar más de una de esas motivaciones y, por tanto, que el porcentaje total por unidad de análisis pueda ser superior al 100%.

En 2023, en la Región de Murcia, tanto para los emprendedores recientes (TEA) como para aquellos que lideran empresas ya consolidadas, la principal razón que los ha llevado a crear una empresa (gráfico 3.1.1.) ha sido intentar ganarse la vida porque el trabajo escasea; no obstante, la evolución observada durante los tres últimos años es distinta en cada uno de estos colectivos. Entre los emprendedores recientes esta motivación ha ido perdiendo peso hasta situarse en el 69%, siendo esta una tendencia compartida con el conjunto de España. Sin embargo, esta motivación ha ido adquiriendo año a año mayor relevancia entre los emprendedores consolidados, siendo argumentada en 2023 por el 83% de estos; tendencia contraria a la observada para el conjunto de España que ha visto reducido este porcentaje al 70%.

Algo similar sucede con el emprendimiento asociado al deseo de conseguir crear riqueza o una renta muy alta. Para los emprendedores recientes esta motivación ha experimentado un acusado descenso de más de 15 puntos porcentuales respecto al último año, situándose en 2023 en un 34%. En cambio, entre los emprendedores con iniciativas ya consolidadas se aprecia un ligero incremento pasando a convertirse en la segunda razón por la que se emprendió un negocio (41%).

La segunda razón más alegada por los que decidieron recientemente crear una empresa ha sido la intención de marcar una diferencia en el mundo (43%), si bien no se observa un incremento de esta cifra respecto a 2022.

Por último, respecto a la razón que con menor frecuencia subyace a la intención de emprender encontramos el deseo de continuar con una tradición familiar. Esta motivación no solo es la menos frecuente, también es la que ha experimentado un retroceso tanto entre las iniciativas ya consolidadas como entre las más recientes, produciéndose en este último caso un descenso más pronunciado que supera los 10 puntos porcentuales.

Gráfico 3.1.1
EVOLUCIÓN DE LAS MOTIVACIONES EMPRENDEDORAS

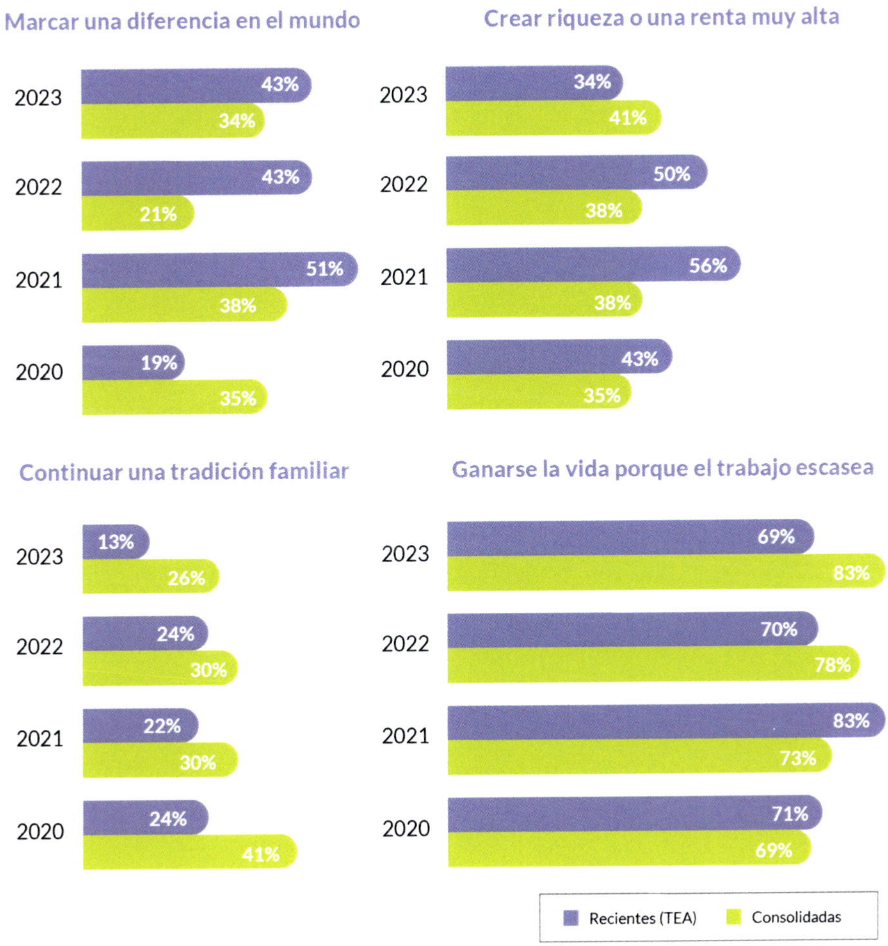

Marcar una diferencia en el mundo

Año	Recientes (TEA)	Consolidadas
2023	43%	34%
2022	43%	21%
2021	51%	38%
2020	19%	35%

Crear riqueza o una renta muy alta

Año	Recientes (TEA)	Consolidadas
2023	34%	41%
2022	50%	38%
2021	56%	38%
2020	43%	35%

Continuar una tradición familiar

Año	Recientes (TEA)	Consolidadas
2023	13%	26%
2022	24%	30%
2021	22%	30%
2020	24%	41%

Ganarse la vida porque el trabajo escasea

Año	Recientes (TEA)	Consolidadas
2023	69%	83%
2022	70%	78%
2021	83%	73%
2020	71%	69%

■ Recientes (TEA) ■ Consolidadas

Fuente: GEM Murcia APS 2023

Si analizamos la motivación predominante de las iniciativas recientes (TEA) en un contexto nacional (gráfico 3.1.2.), vemos que la Región de Murcia se sitúa entre las que más emprenden con la intención de poder ganarse la vida porque el trabajo escasea, siendo superada solo por Cantabria y el Principado de Asturias. Paradójicamente, Murcia también se encuentra entre las tres regiones que más emprenden buscando marcar una diferencia en el mundo, motivación esta que es considerada como la más ambiciosa de las analizadas por el proyecto GEM.

Respecto al emprendimiento impulsado por el deseo de crear riqueza o generar una renta muy alta, la Región de Murcia ha pasado de ser la que más emprendía por ese motivo en 2022 a ocupar una posición intermedia entre las CC.AA., quedando 3 puntos por debajo del conjunto nacional (37%) como consecuencia de la drástica reducción experimentada en Murcia en el último año.

Finalmente, cabe destacar que el bajo porcentaje de emprendedores recientes involucrados en un negocio por continuar con una tradición familiar (13%) ha llevado a Murcia a situarse entre las posiciones más bajas del conjunto de CC.AA. En 2023 solo el Principado de Asturias y Extremadura presentan porcentajes ligeramente más bajos que Murcia.

Si analizamos las diferencias de género respecto a las motivaciones del emprendimiento (gráfico 3.1.3.), se aprecia que las mayores diferencias entre las iniciativas recientes (TEA) se encuentran en la motivación de emprender para ganarse la vida porque el trabajo escasea (mujeres 81 % vs hombres 60%). Esta mayor tendencia de las mujeres al autoempleo se ha mantenido a lo largo de los años, si bien en el caso del emprendimiento consolidado las diferencias identificadas entre mujeres y hombres son mínimas (mujeres 84 % vs hombres 82%).

La principal razón que ha llevado a los emprendedores en la Región de Murcia a crear una empresa ha sido la búsqueda de oportunidades para desarrollarse profesionalmente

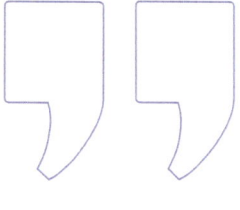

Gráfico 3.1.2
MOTIVACIONES DEL EMPRENDIMIENTO RECIENTE (TEA) EN EL CONTEXTO NACIONAL

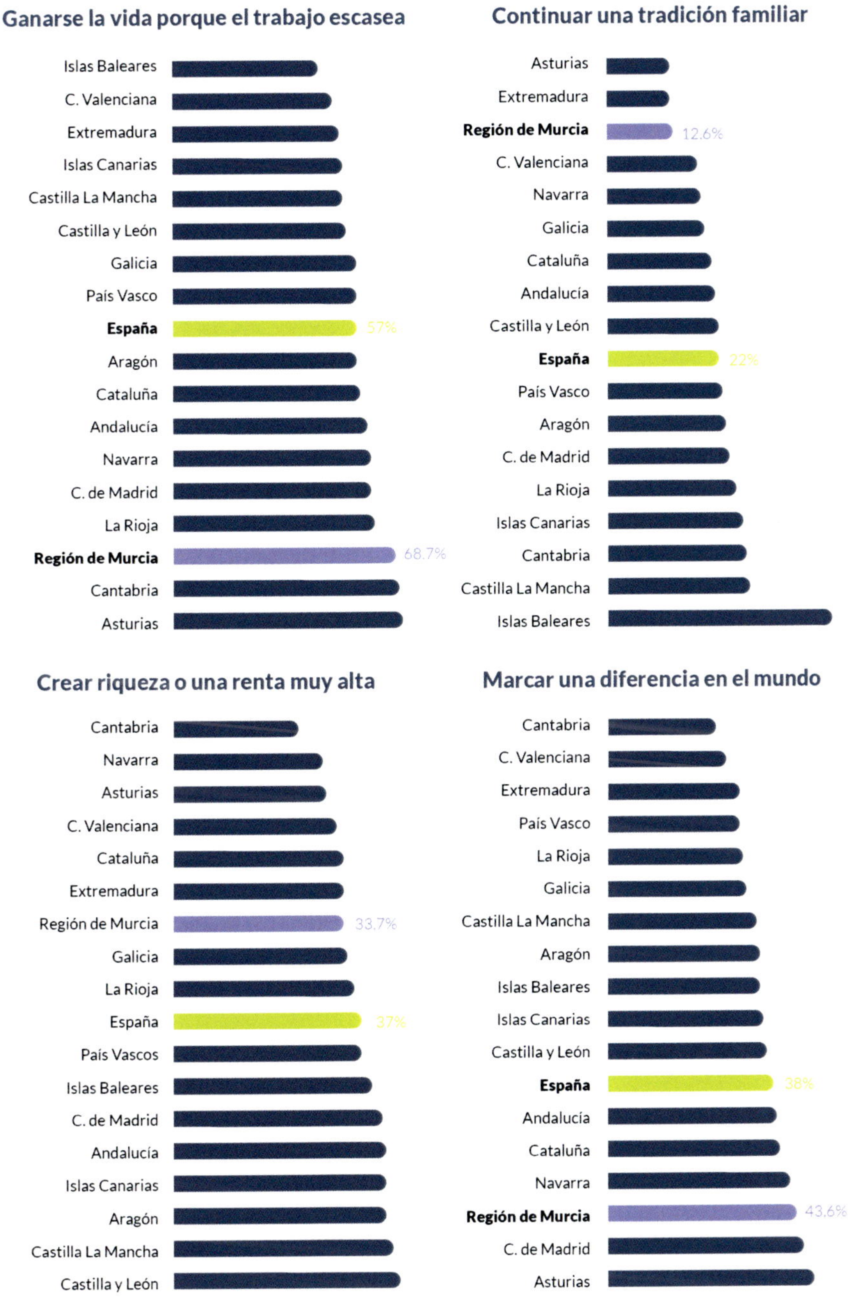

Ganarse la vida porque el trabajo escasea

- Islas Baleares
- C. Valenciana
- Extremadura
- Islas Canarias
- Castilla La Mancha
- Castilla y León
- Galicia
- País Vasco
- **España** 57%
- Aragón
- Cataluña
- Andalucía
- Navarra
- C. de Madrid
- La Rioja
- **Región de Murcia** 68.7%
- Cantabria
- Asturias

Continuar una tradición familiar

- Asturias
- Extremadura
- **Región de Murcia** 12.6%
- C. Valenciana
- Navarra
- Galicia
- Cataluña
- Andalucía
- Castilla y León
- **España** 22%
- País Vasco
- Aragón
- C. de Madrid
- La Rioja
- Islas Canarias
- Cantabria
- Castilla La Mancha
- Islas Baleares

Crear riqueza o una renta muy alta

- Cantabria
- Navarra
- Asturias
- C. Valenciana
- Cataluña
- Extremadura
- Región de Murcia 33.7%
- Galicia
- La Rioja
- España 37%
- País Vascos
- Islas Baleares
- C. de Madrid
- Andalucía
- Islas Canarias
- Aragón
- Castilla La Mancha
- Castilla y León

Marcar una diferencia en el mundo

- Cantabria
- C. Valenciana
- Extremadura
- País Vasco
- La Rioja
- Galicia
- Castilla La Mancha
- Aragón
- Islas Baleares
- Islas Canarias
- Castilla y León
- **España** 38%
- Andalucía
- Cataluña
- Navarra
- **Región de Murcia** 43.6%
- C. de Madrid
- Asturias

Fuente: GEM Murcia APS 2023

Centrando la atención en las motivaciones más ambiciosas desde una perspectiva social y económica, marcar una diferencia en el mundo y crear una gran riqueza o generar una renta muy alta, vemos que en 2023 la proporción de mujeres motivadas por ambas razones (35% y 28%, respectivamente) es inferior a la de los hombres (50% y 38%, respectivamente). Estas cifras muestran un cambio en las diferencias respecto a 2022, año en el que las mujeres alegaban en mayor medida que los hombres estas motivaciones; sin embargo, si vemos cuál ha sido la evolución de los últimos años, podemos afirmar que estos cambios no reflejan una tendencia, sino que van alternando su signo sin razón aparente.

Respecto a la opción de liderar una empresa para continuar con una tradición familiar, se observa cómo entre los emprendedores recientes se han ido reduciendo las diferencias hasta ser mínimas en 2023 (Mujeres 13 % vs Hombres 12%); en cambio, entre las iniciativas ya consolidadas aún existen diferencias significativas en favor de los hombres (Mujeres 22 % vs Hombres 29%).

El análisis del perfil del emprendedor en la Región de Murcia revela que las principales motivaciones que impulsan a las personas a crear empresas han cambiado en los últimos años. Si bien ganarse la vida por la falta de empleo sigue siendo la razón predominante para emprender, especialmente entre los emprendedores consolidados (83%), este motivo ha perdido peso entre los emprendedores recientes (69%), alineándose con la tendencia nacional. En contraste, ha ganado relevancia el deseo de marcar una diferencia en el mundo, que se ha convertido en la segunda motivación más importante entre los emprendedores recientes, alcanzando el 43%. Este dato es especialmente significativo, ya que posiciona a Murcia como una de las regiones con mayor proporción de emprendedores que buscan impactar positivamente en la sociedad. Por otro lado, el deseo de crear riqueza ha disminuido notablemente entre los emprendedores recientes, aunque ha crecido ligeramente entre los consolidados, convirtiéndose en su segunda razón principal para emprender (41%). Finalmente, la motivación de continuar con una tradición familiar ha experimentado un retroceso tanto en los emprendedores recientes como en los consolidados, siendo la razón menos frecuente para iniciar un negocio.

En resumen, el perfil emprendedor en Murcia está marcado por un giro hacia motivaciones más sociales, como el impacto positivo en la comunidad, aunque

Gráfico 3.1.3

EVOLUCIÓN DE LAS MOTIVACIONES DE LAS PERSONAS EMPRENDEDORAS EN FUNCIÓN DEL SEXO

Marcar una diferencia en el mundo

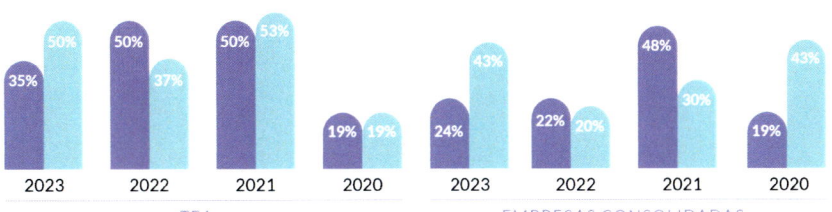

	TEA				EMPRESAS CONSOLIDADAS			
	2023	2022	2021	2020	2023	2022	2021	2020
Hombre	35%	50%	50%	19%	24%	22%	48%	19%
Mujer	50%	37%	53%	19%	43%	20%	30%	43%

Crear riqueza o una renta muy alta

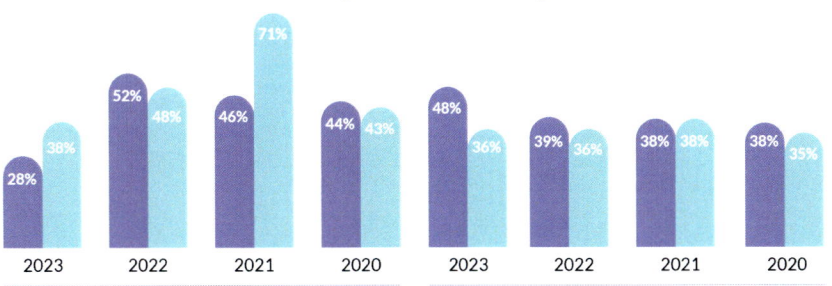

	TEA				EMPRESAS CONSOLIDADAS			
	2023	2022	2021	2020	2023	2022	2021	2020
Hombre	28%	52%	46%	44%	48%	39%	38%	38%
Mujer	38%	48%	71%	43%	36%	36%	38%	35%

Continuar una tradición familiar

	TEA				EMPRESAS CONSOLIDADAS			
	2023	2022	2021	2020	2023	2022	2021	2020
Hombre	13%	21%	13%	19%	22%	25%	21%	44%
Mujer	12%	26%	35%	29%	29%	35%	38%	39%

Ganarse la vida porque el trabajo escasea

	TEA				EMPRESAS CONSOLIDADAS			
	2023	2022	2021	2020	2023	2022	2021	2020
Hombre	81%	79%	88%	81%	84%	79%	79%	44%
Mujer	60%	63%	77%	62%	82%	78%	68%	83%

Hombre ■ Mujer

Fuente: GEM Murcia APS 2023

el autoempleo sigue siendo un factor clave. Además, Murcia se posiciona de manera dual: como una de las regiones donde más se emprende por necesidad laboral, pero también donde más se emprende con la intención de generar un cambio en el mundo. Esto destaca la complejidad del ecosistema emprendedor regional y sus múltiples facetas.

3.2 Edad

La edad de la mayoría de los emprendedores potenciales y recientes (TEA) se sitúa entre los 25 y los 44 años, tal y como se aprecia en el gráfico 3.2.1, siguiendo la tendencia de años precedentes. Estos resultados son similares a los obtenidos para el conjunto de España y siguen reflejando la tardía incorporación de los individuos al proceso emprendedor. Tanto España como la Región de Murcia siguen presentando, pues, cierta desventaja en comparación con otras regiones europeas, caracterizadas por contar con emprendedores potencialmente más jóvenes.

De forma más específica, con respecto a 2022, en 2023 se ha incrementado ligeramente el porcentaje de jóvenes emprendedores recientes (TEA), de entre 18 y 24 años, del 7,8% al 12,9%, manteniéndose en similares cifras a las del año anterior la proporción de emprendedores potenciales en esta franja de edad (19,5% en 2022 frente a 19,6% en 2023).

Finalmente, en las empresas consolidadas, el mayor porcentaje de emprendedores se vuelve a concentrar en el tramo superior de edad, entre los 55 y los 64 años, con un 52,3%, lo que supone una subida significativa, de más de 14 puntos porcentuales, respecto de 2022. A dicha franja la sigue el tramo de emprendedores entre 45 y 54 años, que representan un 23,5% sobre el total, y que evidencia la elevada edad de las personas al frente de iniciativas consolidadas.

La evolución del índice TEA por tramos de edad se muestra en los gráficos 3.2.2. y 3.2.3. Por un lado, en el gráfico 3.2.2., que contiene los tramos de edad intermedios, se aprecia un crecimiento importante de los emprendedores de entre 35 y 44 años en 2023. Esta tendencia comenzó en 2020 y es similar a la del resto de España. Incluso la evolución del índice TEA en la Región de Murcia

Gráfico 3.2.1
DISTRIBUCIÓN DE LAS PERSONAS EMPRENDEDORAS POR EDAD

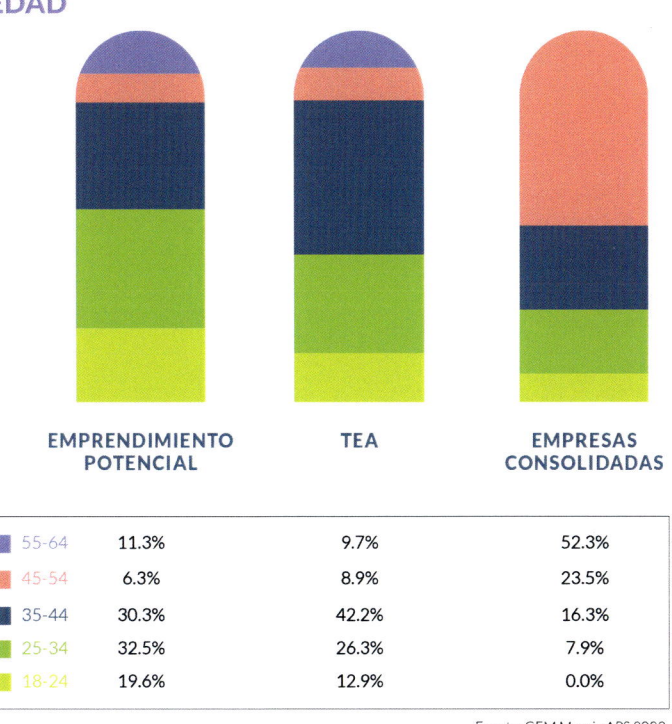

	EMPRENDIMIENTO POTENCIAL	TEA	EMPRESAS CONSOLIDADAS
55-64	11.3%	9.7%	52.3%
45-54	6.3%	8.9%	23.5%
35-44	30.3%	42.2%	16.3%
25-34	32.5%	26.3%	7.9%
18-24	19.6%	12.9%	0.0%

Fuente: GEM Murcia APS 2023

Gráfico 3.2.2
EVOLUCIÓN DEL ÍNDICE TEA POR TRAMOS DE EDAD INTERMEDIOS (2010-2023)

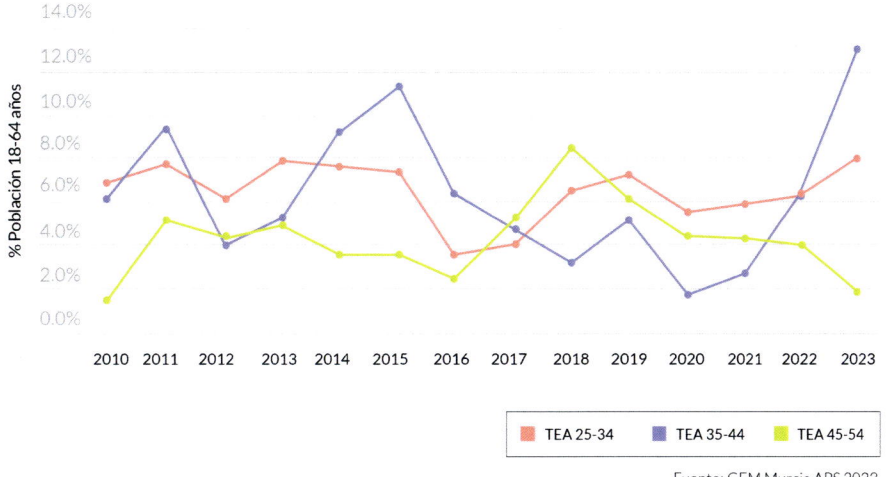

Fuente: GEM Murcia APS 2023

en 2023 para esta franja de edad es superior a la media nacional en más de 2 puntos porcentuales. Por otro lado, destaca el hecho de que los emprendedores entre 25 y 34 años también aumentan respecto a 2022, mientras que es en el tramo de edad mayor, de 45 a 54 años, en el que se observa un retroceso de 2 puntos porcentuales, lo que confirma la tendencia decreciente iniciada en 2018.

En el gráfico 3.2.3. se muestra la evolución del índice TEA por tramos de edad extremos. Al contrario de lo que sucedió en 2022, se observa una tendencia creciente del emprendimiento más joven, de entre 18 y 24 años, que sube del 3,6% al 4,2%, mientras que el emprendimiento de edad senior, de entre 55 y 64 años, cae del 4,4% al 2,4%. En cambio, a nivel nacional sucede todo lo contrario: el emprendimiento más joven cae y el más senior sube. Además, para la franja de 45 a 54 años, el índice TEA tiene una evolución homogénea en España entre 2022 y 2023, mientras que en la Región de Murcia experimenta un descenso de 2 puntos.

Gráfico 3.2.3
EVOLUCIÓN DEL ÍNDICE TEA POR TRAMOS DE EDAD EXTREMOS (2010-2023)

Fuente: GEM Murcia APS 2023

El gráfico 3.2.4. muestra la distribución por edad de los emprendedores en etapa inicial (TEA) en función del género en 2023. Se puede observar que el porcentaje de hombres supera ligeramente al de mujeres en las franjas de edad más jóvenes (de 18 a 34 años y de 35 a 44 años). Sin embargo, entre los 45 y 65 años, el porcentaje de mujeres es levemente superior al de hombres en unos 2 puntos porcentuales. Estos resultados, similares a los obtenidos en la Región de Murcia en el año 2022 y a los reportados a nivel nacional, ponen de manifiesto cierto equilibrio de género por tramos de edad de las personas emprendedoras.

Gráfico 3.2.4
DISTRIBUCIÓN POR EDAD DE LOS EMPRENDEDORES EN ETAPA INICIAL (TEA) EN FUNCIÓN DEL SEXO

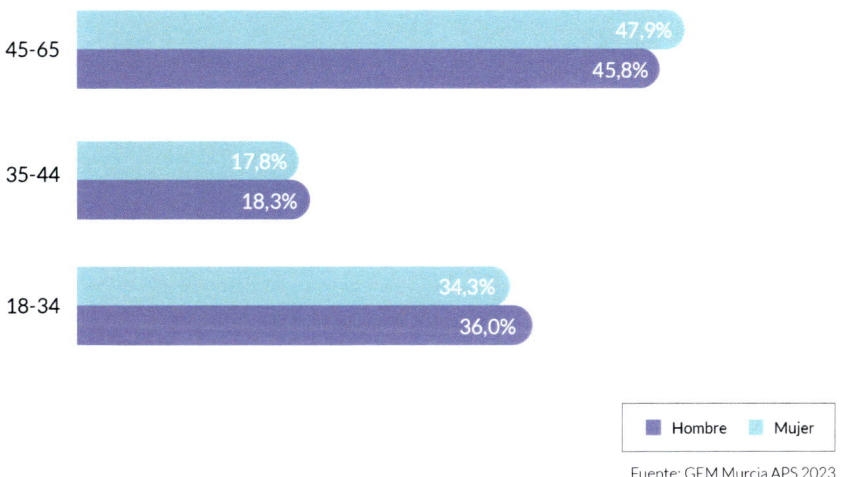

Fuente: GEM Murcia APS 2023

3.3 Educación

En la tabla 3.3.1. se aprecia que, en el año 2023, el 9% de las personas con estudios universitarios indica estar pensando en emprender en los próximos tres años, un 6% ya lo está haciendo (TEA), y un 4% está a cargo de empresas consolidadas. Entre los universitarios con doctorado, un 5% son emprendedores potenciales y otro 5% son emprendedores recientes (TEA), sin que haya ninguno que sea emprendedor consolidado. Por su parte, dichos porcentajes son ligeramente superiores en el caso de los universitarios con estudios de máster, dado que el 15% son emprendedores potenciales, el 9% son emprendedores recientes (TEA) y un 4% son emprendedores consolidados. Con respecto a 2022, estas cifras son más pobres dado que se reduce el porcentaje de personas con estudios universitarios en las diferentes etapas del proceso emprendedor. De forma similar, si comparamos los datos de 2023 con la media nacional, la Región presenta unos datos más desfavorables en todas las etapas del proceso emprendedor.

Tabla 3.3.1
DISTRIBUCIÓN DEL ÍNDICE TEA EN FUNCIÓN DE LA EDUCACIÓN DE LOS EMPRENDEDORES

Educación		Emprendimiento	TEA	Empresas consolidadas
Primaria	Total	6%	4%	4%
Secundaria	Total	8%	5%	4%
	Secundaria	10%	4%	3%
	FP Superior	7%	6%	4%
Universidad	Total	9%	6%	4%
	Grado	5%	5%	4%
	Máster	15%	9%	4%
	Doctorado	5%	5%	0%

La tabla 3.3.2. muestra la distribución del índice TEA en función del nivel educativo y del género de los emprendedores. En 2023, el porcentaje de hombres con estudios universitarios supera al de mujeres en todas las fases del proceso emprendedor. En particular, el 11% frente al 7% para emprendimiento potencial; el 9% frente al 4% para emprendimiento recientes (TEA); y el 4% frente al 3% en el caso de iniciativas consolidadas. Además, si se analiza el grado de especialización universitaria, también se aprecia como el porcentaje de hombres supera al de mujeres en todos ellos, salvo en el caso de los estudios de máster para iniciativas consolidadas, donde el porcentaje de mujeres (4%) es ligeramente superior al de hombres (3%). Finalmente, hay que indicar que el porcentaje de mujeres sí que resulta significadamente superior (en unos 5 puntos porcentuales) en el caso de estudios primarios, tanto para emprendimiento reciente (TEA) como para iniciativas consolidadas.

Tabla 3.3.2
DISTRIBUCIÓN DEL TEA EN FUNCIÓN DE LA EDUCACIÓN Y EL SEXO DE LOS EMPRENDEDORES

Educación		Emprendimiento potencial		TEA		Empresas consolidadas	
		Mujeres	Hombres	Mujeres	Hombres	Mujeres	Hombres
Primaria	Total	6%	7%	6%	1%	6%	1%
Secundaria	Total	7%	8%	5%	6%	3%	4%
	Secundaria	11%	10%	4%	5%	3%	3%
	FP Superior	5%	8%	6%	6%	3%	5%
Universidad	Total	7%	11%	4%	9%	3%	4%
	Grado	5%	5%	4%	6%	3%	6%
	Máster	12%	18%	4%	13%	4%	3%
	Doctorado	0%	11%	0%	11%	0%	0%

De forma complementaria, el gráfico 3.3.1. muestra el nivel de formación específica de los emprendedores de la Región de Murcia relacionada con la puesta en marcha de una empresa en 2023. En concreto, se aprecia como predomina un nivel de formación "alto" entre los emprendedores recientes (TEA), con un 34,6%, mientras que en las empresas consolidadas predomina un nivel formativo "intermedio", con un 28,9%. Por su parte, tan solo un 9,5% de los emprendedores recientes (TEA) afirman tener un nivel de formación específica muy alto, siendo dicho porcentaje del 19,1% en el caso de los empresarios consolidados, lo que, comparado con España –que presenta porcentajes del 20% en ambas categorías–, pone de manifiesto unos menores niveles de formación específica entre los emprendedores de la Región de Murcia. En todo caso, se considera muy positivo el importante incremento experimentado en el nivel de formación específica en la Región de Murcia en 2023 con respecto a 2022; en particular, debido al incremento para los emprendedores recientes (TEA) de la franja de formación específica "alta" (de un 18% a un 34,6%).

Gráfico 3.3.1
NIVEL DE FORMACIÓN ESPECÍFICA DE LOS EMPRENDEDORES

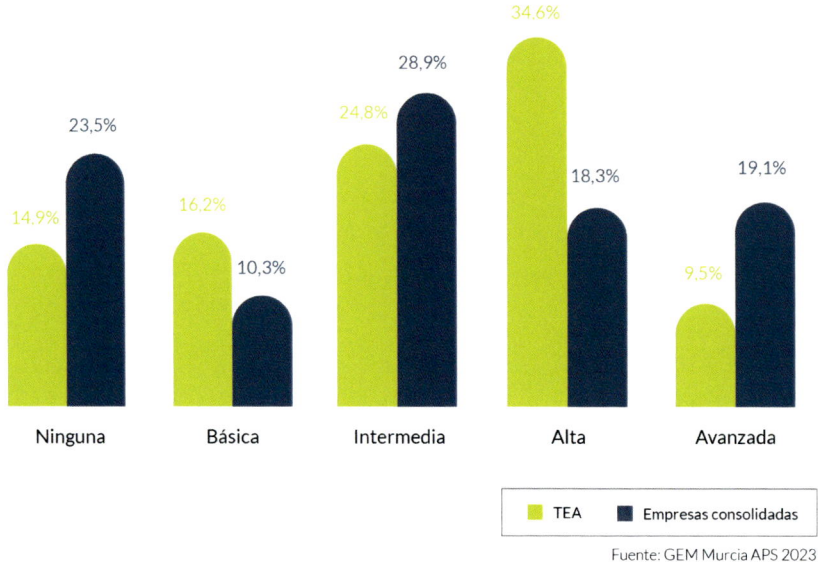

Fuente: GEM Murcia APS 2023

La Tabla 3.3.3. recoge el desglose del nivel de formación específica por sexo de la persona emprendedora en la Región de Murcia. Se aprecia una preponderancia del nivel formativo "alto" tanto para hombres como para mujeres en cuanto a emprendedores recientes (TEA), con un 41% y un 48%, respectivamente. Por otro lado, respecto de las iniciativas consolidadas, predomina un nivel "bajo" de formación específica para mujeres (con un 43%), mientras que el nivel de formación específica mayoritario para los hombres es "alto" (con un 50%). En comparación con la media nacional, la Región de Murcia se sitúa por debajo nuevamente en formación específica por género: en España prevalece un nivel de formación específico "alto" tanto para hombres como para mujeres en ambas etapas del proceso emprendedor.

Se considera muy positivo el importante incremento experimentado en el nivel de formación específica en la Región de Murcia en 2023

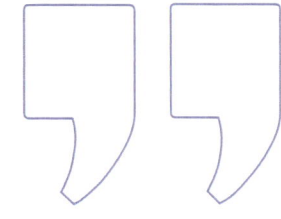

Tabla 3.3.3
NIVEL DE FORMACIÓN ESPECÍFICA PARA EMPRENDER POR SEXO

	TEA		Empresas consolidadas	
	Mujeres	Hombres	Mujeres	Hombres
Nivel alto	48%	41%	22%	50%
Nivel Medio	26%	24%	34%	24%
Nivel Bajo	26%	35%	43%	26%

En resumen, se puede concluir afirmando que, pese a experimentar una mejoría en el índice TEA por tramos de edad en el año 2023, la Región de Murcia sigue incorporando tardíamente a personas al proceso emprendedor. Además, el nivel de formación universitaria de los emprendedores potenciales cae ligeramente respecto al año anterior. Finalmente, aunque sigue manteniéndose una positiva convergencia entre hombres y mujeres emprendedores, existen ciertas diferencias en función del nivel de formación específica que tiene, en promedio, cada uno de estos grupos.

CAPÍTULO 4
CARACTERÍSTICAS DE LAS INICIATIVAS EMPRENDEDORAS

4.1 Nivel de renta de los emprendedores y fuentes de financiación

4.2 Sector de actividad

4.3 Tamaño

4.4 Expectativas de crecimiento

4.5 Nivel tecnológico

4.6 Orientacion Innovadora

4.7 Perfil digital de las iniciativas emprendedoras

4.8 Expectativas de adopción de tecnologías digitales

4.9 Orientación internacional

4.10 Orientación a la sostenibilidad

Capítulo 4. Características de las iniciativas emprendedoras

4.1 Nivel de renta de los emprendedores y fuentes de financiación

El gráfico 4.1.1. recoge la evolución del índice TEA de la población de la Región de Murcia en función de su nivel de renta durante el periodo 2010-2023. Al contrario de lo sucedido en el año anterior, en 2023 los tramos inferior y medio son los que experimentan un significativo decrecimiento (situándose en 4,9% y 5,9%, respectivamente), mientras que el tramo superior de renta es el que sufre un importante incremento (pasando del 4,3% al 8,8%). En comparación con la media nacional, la Región de Murcia obtiene en 2023 porcentajes más bajos en los tramos inferior y medio; sin embargo, presenta una cifra más favorable en el tramo superior de renta frente a la media nacional (8,8% frente a 7,9%).

Gráfico 4.1.1
EVOLUCIÓN DEL ÍNDICE TEA POR NIVEL DE RENTA (2010-2023)

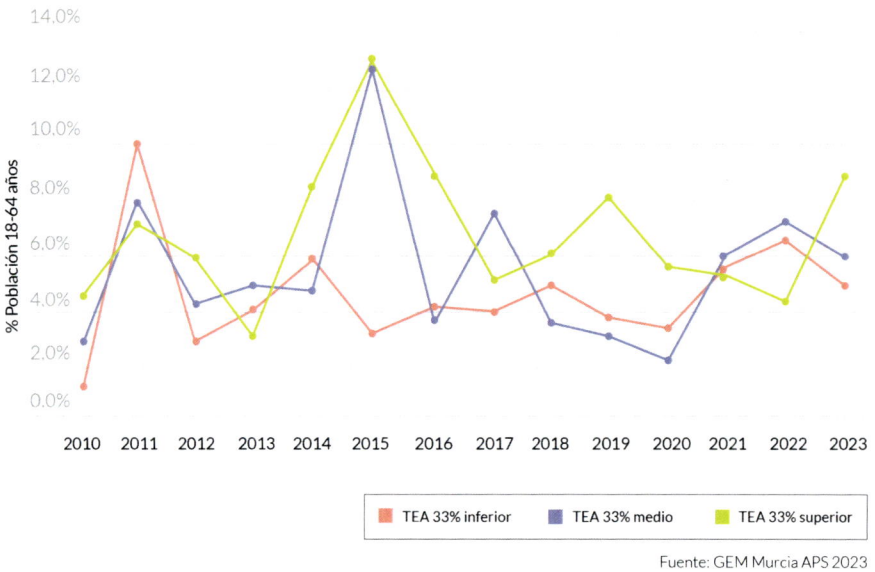

Fuente: GEM Murcia APS 2023

Además del nivel de renta de los emprendedores, es relevante analizar la información relativa al proceso de búsqueda y obtención de financiación para las iniciativas emprendedoras en la Región de Murcia en 2023, así como su comparativa con años anteriores y con el conjunto de España. Es importante analizar no sólo la cuantía del capital que los emprendedores murcianos han necesitado para poner en marcha sus proyectos, sino también la procedencia de dichos fondos y si existen diferencias en la financiación entre los proyectos liderados por hombres y aquellos liderados por mujeres.

Comenzando con el análisis del capital semilla requerido para la puesta en marcha y desarrollo de los proyectos nacientes, en la tabla 4.1.1. se puede observar que el capital que los emprendedores en la Región de Murcia en 2023 han necesitado asciende, en promedio, a 84.479€. En 2022 y 2021, el capital semilla requerido se situaba en 80.144€ y 52.193€, respectivamente. Continúa, pues, la senda de crecimiento mostrada en años anteriores en cuanto al volumen medio de fondos necesario de las iniciativas emprendedoras. Asimismo, la mitad de los nuevos proyectos llevados a cabo en la Región de Murcia han necesitado menos de 30.000€ (15.000€ para el conjunto de España), siendo el valor más frecuente de 50.000€ (10.000€ para el conjunto de España). Este último valor ascendía para la Región de Murcia en 2022 y 2021 a 3.000€ y 5.000€, respectivamente. Todos estos datos reflejan una mayor necesidad de financiación de las iniciativas emprendedoras de la Región de Murcia en 2023 en comparación con años anteriores y con el conjunto de España.

Tabla 4.1.1
CAPITAL SEMILLA PARA LA PUESTA EN MARCHA Y DESARROLLO DE PROYECTOS NACIENTES

	Capital semilla necesario por lo proyectos nacientes (€)
Las personas emprendedoras necesitaron en promedio...	84.479€
La mitad de las empresas están por debajo de...	30.000€
El valor más frecuente es...	50.000€
El valor mínimo es...	1.000€
El valor máximo es...	1.000.000€
Porcentaje de empresas con capital semilla requerido	< 3.000€	13,3%
	3.001€ - 9.000€	11,1%
	9.001€ - 30.000€	**31,1%**
	30.001 - 100.000€	22,2%
	100.001€ - 300.000€	17,8%
	> 300.001€	4,4%

Entrando en el detalle de la información contenida en la tabla 4.1.1., casi un tercio de las iniciativas han requerido un capital semilla de entre 9.001€ y 30.000€. En el rango de 9.001€ y 100.000€ de capital semilla necesario se encuentran más de la mitad de las iniciativas emprendedoras de la Región de Murcia. Estos datos coinciden con el conjunto de España. Además, más del 20% de las iniciativas emprendedoras murcianas en 2023 necesitaron más de 100.001€, muy superior al 12% obtenido para el conjunto de España y al 13,6% para la Región de Murcia en 2022. Esa mayor necesidad de financiación comentada anteriormente, junto con estos nuevos porcentajes, confirman la mayor envergadura de los proyectos nacientes en la Región de Murcia en 2023.

De forma similar a lo que ocurre el conjunto de España y a la Región de Murcia en años anteriores, se pueden observar diferencias en función del sexo del emprendedor en el capital semilla utilizado para los nuevos proyectos. En particular, en la tabla 4.1.2. se observa una menor capitalización de las iniciativas emprendedoras lideradas por mujeres en comparación con aquellas lideradas por hombres. Las iniciativas de mujeres murcianas en 2023 han necesitado, en promedio, 33.816€, frente a los más de 100.000€ de los emprendedores hombres. El 62,6% de las iniciativas de mujeres necesitaron menos de 30.000€, frente al 51,7% de aquellas lideradas por hombres. Asimismo, el porcentaje de proyectos con una necesidad de financiación mayor a 100.001€ es muy superior en el caso de los hombres, con aproximadamente 25 puntos porcentuales de diferencia (6,3% proyectos liderados por mujeres y 31% liderados por hombres). Se confirma, por tanto, una mayor ambición de las iniciativas lideradas por hombres en la Región de Murcia en 2023, al igual que ocurre para el conjunto de España y ocurría para la Región de Murcia en los años anteriores.

Tabla 4.1.2
CAPITAL SEMILLA REQUERIDO PARA LA PUESTA EN MARCHA Y DESARROLLO DE PROYECTOS NACIENTES POR SEXO

		Capital semilla mujeres	Capital semilla hombres
Necesitaron en promedio...		33.816€	112.431 €
La mitad de las empresas están por debajo de...		13.500€	30.000€
El valor más frecuente es...		3.000€	30.000€
El valor mínimo es...		300€	1.500€
El valor máximo es...		210.000 €	1.000.000€
Porcentaje de empresas con capital semilla requerido	< 3.000€	18,8%	10,3%
	3.001€ - 9.000€	18.8%	6,9%
	9.001€ - 30.000€	**25,0%**	**34,5%**
	30.001€ - 100.000€	31,3%	17,2%
	100.001€ - 300.000€	6,3%	24,1%
	> 300.001€	0,0%	6,9%

Fuente: GEM Murcia APS 2023

El gráfico 4.1.2 muestra la estructura de capital de las iniciativas empren-dedoras en la Región de Murcia en 2023. Como ocurre para el conjunto de España, la procedencia del capital necesario para la puesta en marcha de los nuevos negocios apenas ha variado en la Región de Murcia en los últimos años. El primer, segundo y tercer puesto como fuente de financiación más utilizada sigue estando ocupado, y en este orden, por los ahorros personales de los emprendedores, la financiación procedente de bancos o instituciones financieras y aquella proporcionada por los propios familiares de los em-prendedores.

Gráfico 4.1.2
DISTRIBUCIÓN PROMEDIO DE LAS FUENTES DEL CAPITAL SEMILLA

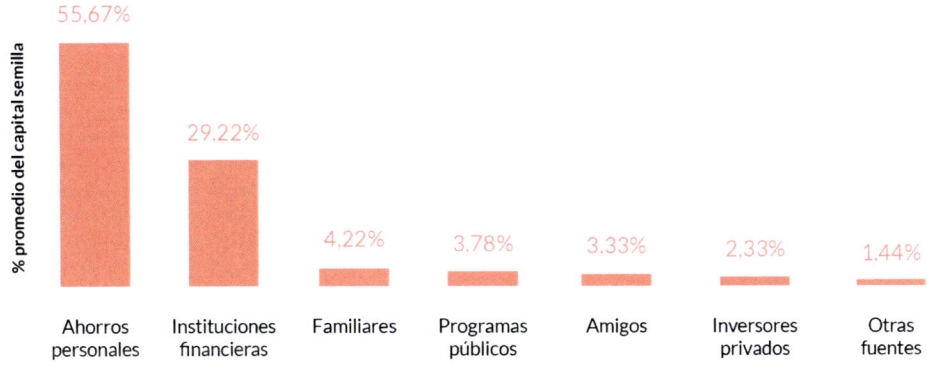

Fuente: GEM Murcia APS 2023

En concreto, más de la mitad del capital de arranque de los proyectos na-cientes (55,67%) procede por término medio de los ahorros personales de los emprendedores, como ocurre para el conjunto de España (57%) y como ocurría en la Región de Murcia en 2022 (53,31%). Tras los ahorros perso-nales, por término medio, casi el 30% del capital procede de la clásica fi-nanciación bancaria, más del doble del valor correspondiente para el con-junto de España (14%) y siendo superior en aproximadamente 10 puntos porcentuales si comparamos con la financiación de instituciones bancarias en la Región de Murcia en 2022 y 2021, ascendiendo a 20,34% y 21,08%, respectivamente. Por el contrario, la financiación procedente de los propios familiares de los emprendedores disminuye en importancia, situándose en promedio en el 4,22%, inferior al conjunto de España (9%) y al mismo dato de la Región de Murcia para 2022 (12,34%). Por tanto, se podría afirmar que la mayor necesidad de financiación de las iniciativas emprendedoras de la Región de Murcia en 2023 ha estado apoyada en gran medida, y junto con los ahorros personales, por los bancos o instituciones financieras, perdiendo peso la financiación procedente de familiares.

Finalmente, aunque la financiación procedente de otras fuentes más allá de los ahorros personales, instituciones financieras y/o familiares es residual, se debe destacar el potencial como fuente de financiación de las subvenciones o ayudas de programas públicos. En promedio, casi el 4% de la financiación requerida entre la población emprendedora murciana en 2023 se obtuvo a través de programas públicos, ligeramente inferior al 6% para el conjunto de España, pero superior al dato del 1,36% de la Región de Murcia en 2022. Por el contrario, en la Región de Murcia en 2023, las iniciativas emprendedoras no se apoyaron en mecanismos colaborativos de financiación de proyectos desarrollados sobre la base de las nuevas tecnologías, como el crowdfunding, hecho que sí ocurría en 2022 con una cifra de aproximadamente del 4% de la financiación requerida. Asimismo, el 3,33% de la financiación requerida entre la población emprendedora se obtuvo a través de amigos (2,88% en 2022) y el 2,33% de inversores privados (1,53% en 2022).

A modo de conclusión de todo lo analizado relativo al proceso de financiación, destaca la mayor envergadura de las iniciativas empresariales en la Región de Murcia en 2023 en comparación con años anteriores. Asimismo, y como ocurre para el conjunto de España, las iniciativas emprendedoras lideradas por hombres están más capitalizadas que las de las mujeres. Y, por último, los ahorros personales y los bancos e instituciones financieras se afianzan como fuentes de financiación habituales de los proyectos emprendedores murcianos.

4.2 Sector de actividad

A lo largo de los años, se observa una transformación significativa en la distribución sectorial de la actividad económica de las nuevas empresas. El sector extractivo, que en 2010 representaba un 8,3%, ha reducido su participación hasta el 3,6%. Por su parte, el sector de transformación ha pasado de tener una baja representación a un 13% en 2023, aunque ha sufrido una disminución de 16,2 puntos porcentuales en el último año.

En contraste, el sector de servicios a empresas ha experimentado un crecimiento considerable, aumentando desde el 25% en 2010 hasta el 30,9% en 2023, con una subida de 12,4% en el último año. Asimismo, el sector del comercio y consumo, que en 2010 representaba el 66,7%, ha visto una ligera reducción, situándose ahora en el 52,2%, aunque ha crecido 6,2% en el último año (gráfico 4.2.1.).

Si comparamos los datos con los del año pasado, en 2023 el porcentaje de nuevos negocios en el sector transformador ha descendido disminuyendo casi un 55%, hasta alcanzar el 13,5% de las iniciativas en 2023 y el sector extractivo también ha descendido un 40%, hasta alcanzar el 3,6% de las iniciativas, mientras que el porcentaje de nuevas empresas en el sector de consumo ha aumentado algo más del 13% hasta alcanzar el 52,2% y el sector servicios ha aumentado un 67%, aglutinando el 30,9% de los proyectos (gráfico 4.2.1.).

Estos datos no coinciden del todo con los datos a nivel nacional, donde la actividad económica desarrollada por las nuevas empresas en 2023 sube 2% puntos porcentuales en el sector comercio y consumo final (48%) y baja 4 puntos en el sector de servicios a empresas (34%). Sin embargo, la Región de Murcia en 2023, como se ha comentado anteriormente, presenta una tendencia similar, ya que las nuevas iniciativas se concentran en estos sectores, pero con crecimientos mayores, mientras que disminuyen las iniciativas en los sectores transformador (que a nivel nacional crece 2 pp del 13% al 15%) y extractivo (que a nivel nacional se mantiene en el 3%).

El sector de servicios a empresas ha experimentado un crecimiento considerable, aumentando hasta el 30,9% en 2023

Gráfico 4.2.1
EVOLUCIÓN DE INICIATIVAS EMPRENDEDORAS (TEA) POR SECTOR DE ACTIVIDAD (2010 – 2023)

Fuente: GEM Murcia APS 2023

Por su parte, hay que señalar que en 2023 el porcentaje de nuevas empresas consolidadas se concentran en un 76,6% en consumo y servicios (gráfico 4.2.2.). Más en detalle, se observa una mejora en los sectores de consumo y transformador, concentrando un 40,8% y un 18,5% respectivamente, valores superiores a las cifras de 2022, 36% y 17,3% respectivamente, lo que evidencia el mayor peso de estos subsectores en los negocios consolidados. El sector extractivo prácticamente se mantiene igual (pues apenas sube un 0,2%, del 4,7% al 4,9%). Por el contrario, un 18,5% de los negocios consolidados se concentra en el sector transformador, frente al 17,3% en 2022 (gráfico 4.2.2.). A nivel nacional el comportamiento de los negocios consolidados es similar y se concentra en un 73% en los sectores de consumo y servicios a empresas y el sector transformador en Murcia baja casi un punto, mientras que a nivel nacional el descenso es algo mayor (3 puntos).

Si tenemos en cuenta el sexo del emprendedor, la tabla 4.2.1. refleja que los sectores con mayor presencia femenina son los de servicios al consumidor (57,5% frente al 48,5% de las iniciativas) y extractivo (4,5% frente al 2,9%), mientras que los sectores de servicios a empresas (29,9% frente al 31,6% de las iniciativas emprendedoras) y transformador (8% frente al 17%) están protagonizados por el género masculino. A nivel nacional, el informe

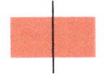

Gráfico 4.2.2
EVOLUCIÓN DE INICIATIVAS CONSOLIDADAS POR SECTOR DE ACTIVIDAD (2010 – 2023)

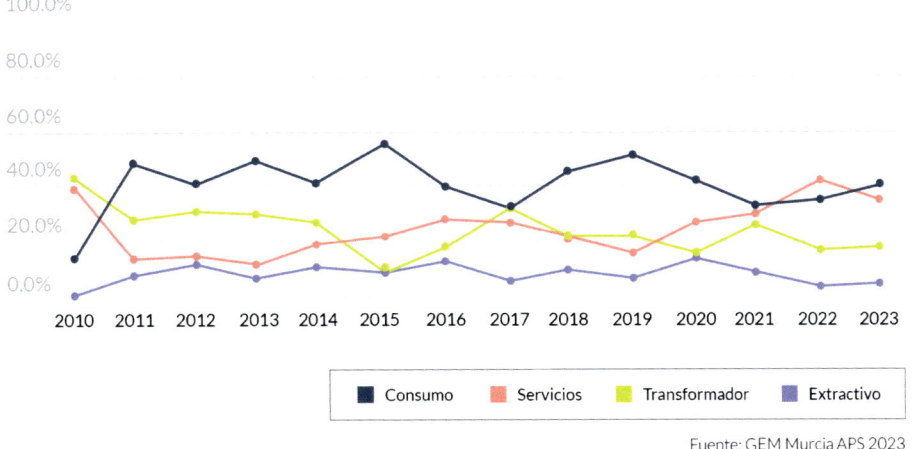

Fuente: GEM Murcia APS 2023

muestra también una mayor presencia de la mujer en las iniciativas TEA en el sector de servicios al consumidor (54%) y una menor presencia en las nuevas empresas en los servicios a empresas y transformador (con respectivas bajadas de 1 punto).

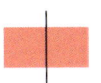

Tabla 4.2.1
DISTRIBUCIÓN DE EMPRENDEDORES POR EL SECTOR DE ACTIVIDAD POR SEXO

Sector	Mujer 2021	Mujer 2022	Mujer 2023	Hombre 2021	Hombre 2022	Hombre 2023
Servicios al consumidor	37,5%	52,2%	57,5%	29,4%	40,7%	48,5%
Servicios a empresas	37,5%	13,0%	29,9%	47,1%	22,2%	31,6%
Transformador	20,8%	30,4%	8,0%	11,8%	29,6%	17,0%
Extractivo	4,2%	4,3%	4,5%	11,8%	7,4%	2,9%

4.3 Tamaño

En el conjunto de las iniciativas en fase emprendedora de la Región de Murcia (gráfico 4.3.1.), en el año 2010 el porcentaje de negocios sin empleados más allá del propio emprendedor era de un 42,9% frente a un porcentaje del 52% en el año 2023, lo que indica que el porcentaje de negocios de autoempleo ha aumentado casi un 9,1% en este periodo. En España, en 2023 hay un 50% de iniciativas en fase inicial sin empleados, con lo que el dato de la Región de Murcia es similar en este aspecto de generación de empleo.

El porcentaje de nuevos negocios recientes que cuentan con hasta 5 trabajadores se sitúa en el 43%, casi 2 puntos por encima de 2022 y a diferencia del año pasado, 3 puntos por encima del dato nacional. Con relación a las iniciativas de más de cinco empleados, ha disminuido de forma importante del 13,8% al 2,5% en el último año 2023, habiendo roto la tendencia creciente de los últimos 3 años. tenido a lo largo de los años diversas variaciones alrededor de dichos porcentajes. Esta cifra de la Región de Murcia es inferior a la nacional, donde el porcentaje de nuevas actividades emprendedoras con más de 5 empleados sigue siendo la misma del 8% en 2022 y 2023.

En 2023, los negocios con más de 20 empleados disminuyen levemente su presencia con un 2,5%, lo que reafirma la tendencia decreciente de los últimos dos años. Esto nos lleva a concluir que los nuevos negocios siguen siendo, en general, de tamaño muy limitado en cuanto a la generación de empleo, estando el número de empleos generados en la horquilla de entre 1 y 5 empleados. El porcentaje a nivel nacional en las nuevas empresas (TEA) con más de 20 empleados ha pasado del 3% en 2022 al 2% en 2023.

En cuanto a las iniciativas consolidadas (gráfico 4.3.2.), en la Región de Murcia en 2023, el porcentaje de ellas que no generan más empleo que el de sus propietarios se sitúa en un 53,6% frente al 43,5% del 2022. A nivel de España, la tendencia es similar y pasa del 44% al 51% en 2023. Por su parte, el porcentaje de actividades con entre 1 y 5 empleados este año 2023 ha aumentado de un 41,4% en 2022 a un 43% en 2023. A nivel nacional, la tendencia es la contrario y se ha disminuido de un 44 a un 36%. El porcentaje de negocios en el tramo de 6-19 empleados también ha experimentado un descenso en la Región de Murcia, del 13,8% en 2022 a un 2,5% en 2023, situándose por debajo del nivel de España (9%). En lo que se refiere a actividades de 20 o más empleados, el porcentaje de los negocios consolidados también disminuye, pasando de un 3,4% a un 2,5% en 2023, situándose algo por encima del nivel nacional (2%).

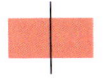

Gráfico 4.3.1
EVOLUCIÓN DEL TAMAÑO DE LAS INICIATIVAS EMPRENDEDORAS (TEA) (2010 – 2023)

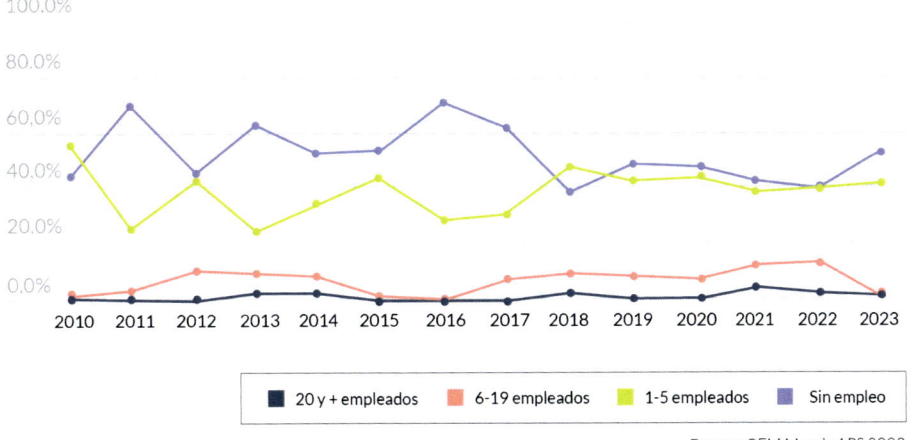

Fuente: GEM Murcia APS 2023

Gráfico 4.3.2
EVOLUCIÓN DEL TAMAÑO DE LAS INICIATIVAS CONSOLIDADAS (2010 – 2023)

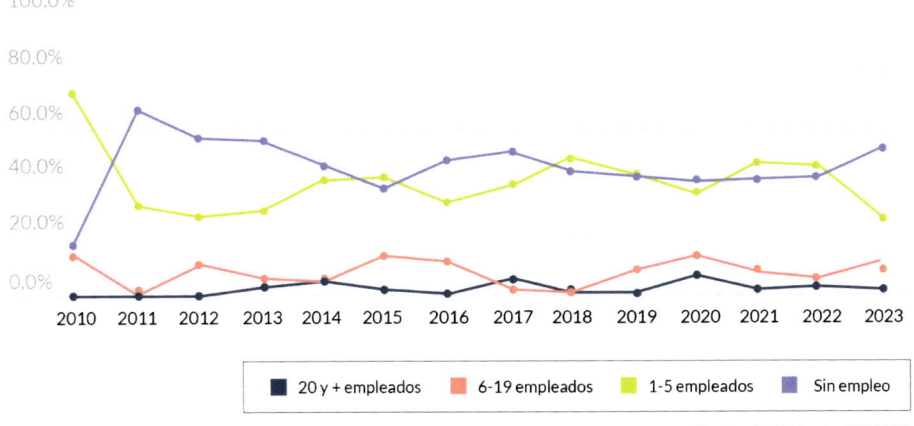

Fuente: GEM Murcia APS 2023

A la hora de analizar las iniciativas emprendedoras y su relación con la contratación desde una perspectiva de género en la Región de Murcia (gráfico 4.3.3.), las mujeres siguen siendo más proclives a contratar entre 1-5 empleados (51,2% de mujeres frente al 37,6% de hombres), pero los hombres son más proclives a contratar más de cinco empleados (4,1% de hombres frente al 0% de mujeres). En contraste con la edición del año anterior, en España en 2023 en las iniciativas emprendedoras, las mujeres son algo más proclives a contratar de 1 a 5 trabajadores (41% de mujeres frente al 38% de hombres), mientras que a la hora de contratar plantillas de entre 6 y 19 trabajadores, el porcentaje es también menor en el perfil femenino (6% mujeres frente al 10% en hombres).

En las iniciativas consolidadas (gráfico 4.3.4.), en 2023 se aprecia que se mantiene la disminución en esta tendencia desde el año pasado y las mujeres son algo menos proclives a contratar entre 1-5 empleados (24,3% de mujeres frente al 35,1% de hombres). En la franja de 6 a 19 empleados, en 2023 se aprecia un aumento en ambos casos, aunque aumenta el gap entre mujeres y hombres (12% frente al 14,9% de los hombres), lo que contrasta con los datos del año 2021, donde el porcentaje era similar en ambos casos (9,1%). En resumen, tanto en la Región de Murcia, como a nivel nacional, la mayoría de las iniciativas emprendedoras son microempresas, tanto en los primeros años del proceso emprendedor como en la fase de consolidación. Las mujeres son ligeramente más conservadoras que los hombres a la hora de contratar empleados.

El estudio GEM profundiza en las características del empleo y consulta a los emprendedores cuál fue el número de puestos de trabajo generados en los últimos doce meses, y si estos empleos daban lugar a contratos indefinidos y a tiempo completo.

El gráfico 4.3.5. muestra el porcentaje de empleo a tiempo completo o indefinido generado por las iniciativas emprendedoras y consolidadas. Es destacable la caída en la contratación indefinida de las iniciativas recientes, a diferencia de lo que se observa en el conjunto de España que se mantiene 10 puntos porcentuales por encima de la región (70% frente al 59,5%).

Gráfico 4.3.3
EVOLUCIÓN DEL TAMAÑO DE LAS INICIATIVAS RECIENTES (TEA) POR SEXO

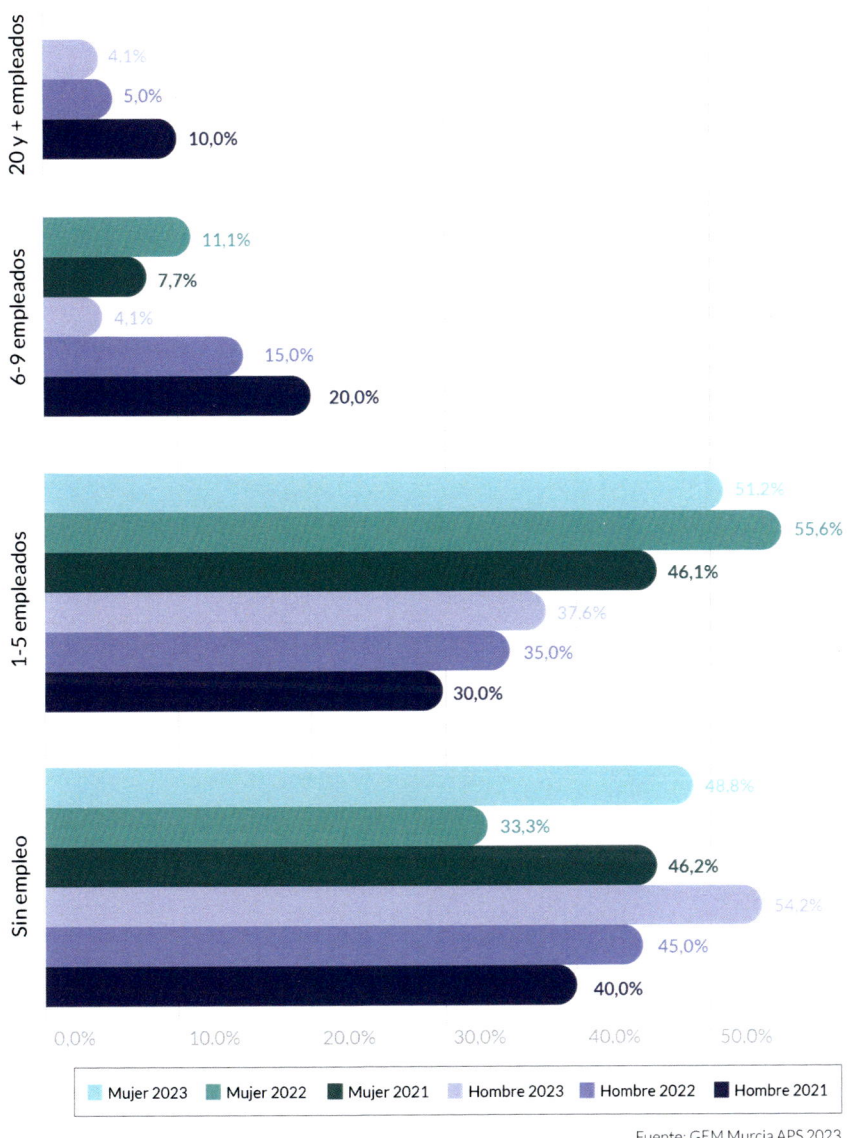

Fuente: GEM Murcia APS 2023

Gráfico 4.3.4
EVOLUCIÓN DEL TAMAÑO DE LAS INICIATIVAS CONSOLIDADAS (TEA) POR SEXO

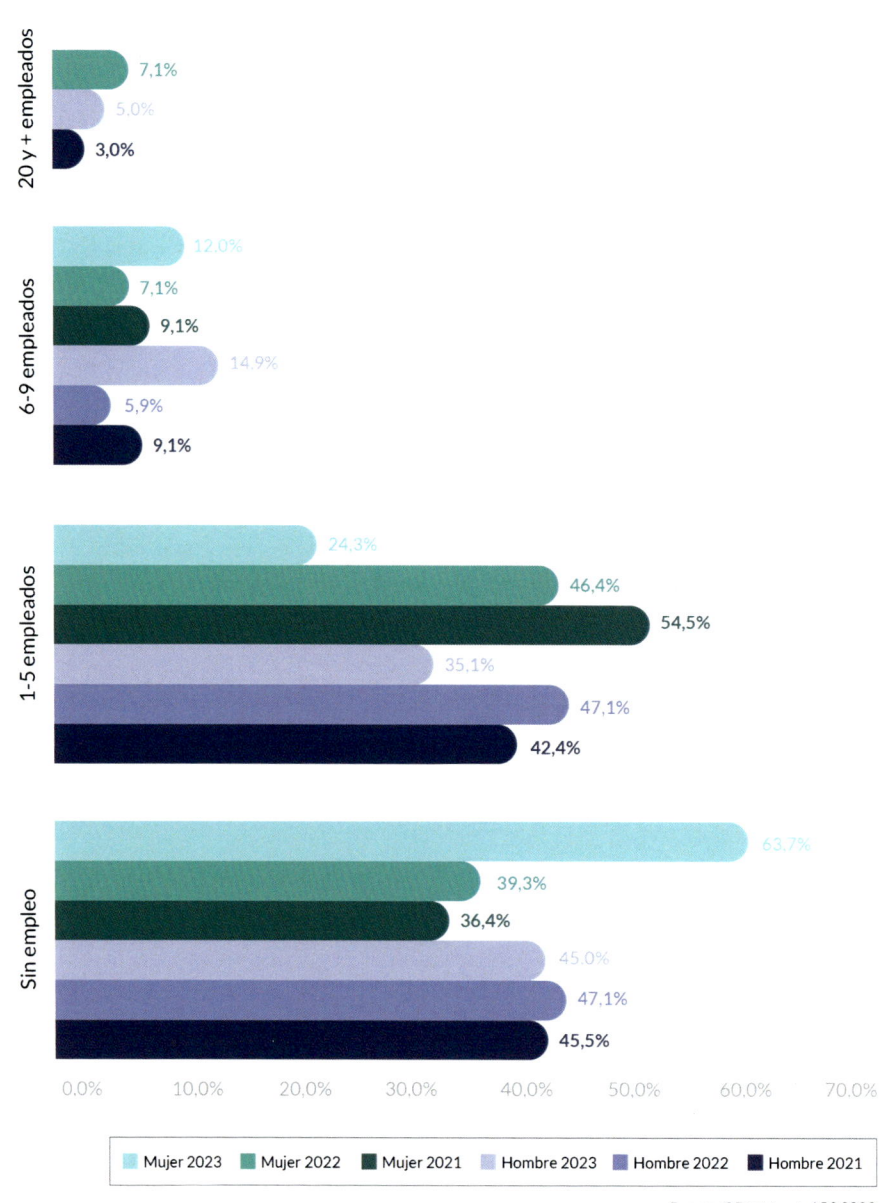

Fuente: GEM Murcia APS 2023

Gráfico 4.3.5

CONTRATACIONES INDEFINIDAS DE LAS INICIATIVAS EMPRENDEDORAS EN LOS ÚLTIMOS 12 MESES

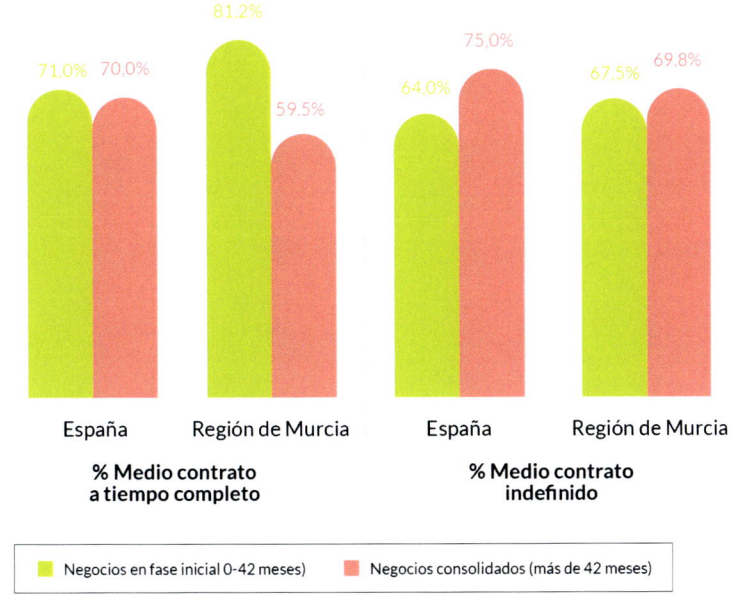

% Medio contrato a tiempo completo

% Medio contrato indefinido

- Negocios en fase inicial 0-42 meses)
- Negocios consolidados (más de 42 meses)

Fuente: GEM Murcia APS 2023

En 2023, la Región de Murcia ha seguido concentrando sus iniciativas emprendedoras en el sector terciario, con una disminución significativa de nuevas empresas en los sectores transformador y extractivo, un comportamiento más pronunciado que la media nacional. En cuanto al género, se ha visto un incremento en la participación de las mujeres en el sector de servicios al consumidor, mientras que su presencia en sectores más industriales ha disminuido. A nivel de contrataciones, las iniciativas emprendedoras, especialmente las lideradas por mujeres, han mostrado un aumento en la contratación de personal, aunque en las empresas consolidadas se ha observado una reducción en los tramos de contratación más amplios (6-19 empleados) entre las mujeres. Pese a ello, desde 2021 se mantiene una tendencia creciente en las contrataciones indefinidas, tanto a nivel regional como nacional, lo que indica un entorno de mayor estabilidad laboral en las empresas consolidadas.

4.4 Expectativas de crecimiento

Las expectativas de contratación también suponen un indicador acerca de las expectativas de crecimiento de las iniciativas emprendedoras. Así, se observa en el gráfico 4.4.1. como las expectativas de creación de empleo de los emprendedores de la región se estancan en 2023, al igual que sucede en el resto de España. La única excepción en la región se produce entre los emprendedores consolidados con mayores ambiciones de contratación, entre seis y diecinueve empleados, que prácticamente duplican la tasa del año pasado alcanzando el 22%.

Gráfico 4.4.1
EXPECTATIVAS DE CREACIÓN DE EMPLEO EN 5 AÑOS

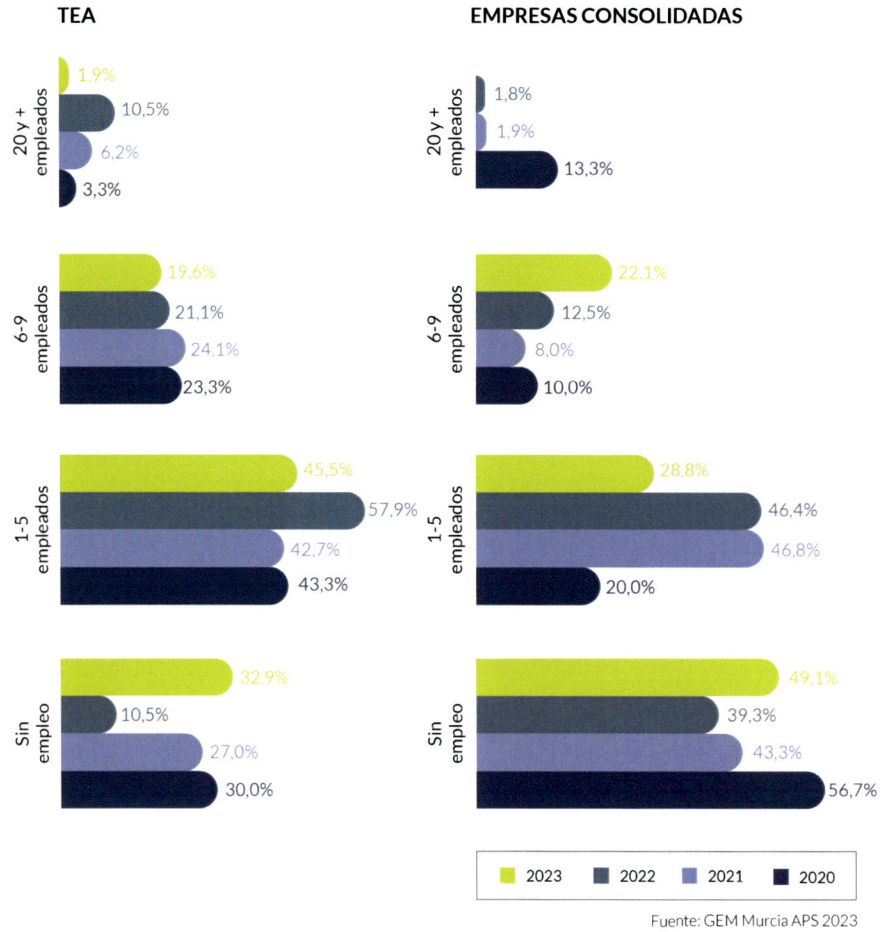

Fuente: GEM Murcia APS 2023

104

Cabe destacar que, aunque la región sigue la tendencia nacional de estancamiento de las expectativas de crecimiento, las cifras de emprendedores que esperan hacer contrataciones de hasta diecinueve empleados en los próximos cinco años son superiores a las de la media española. Así, el 45,5% de los emprendedores recientes y el 28,8% de los que están a cargo de empresas consolidadas esperan contratar de uno a cinco empleados en los próximos cinco años, y el 19,6% de los recientes y el 22% de las iniciativas consolidadas esperan contratar entre seis y diecinueve empleados. Sin embargo, menos del 2% de las iniciativas recientes y ninguna de las consolidadas aspiran a contratar veinte o más empleados.

Gráfico 4.4.2
EXPECTATIVAS DE CREACIÓN DE EMPLEO POR SEXO

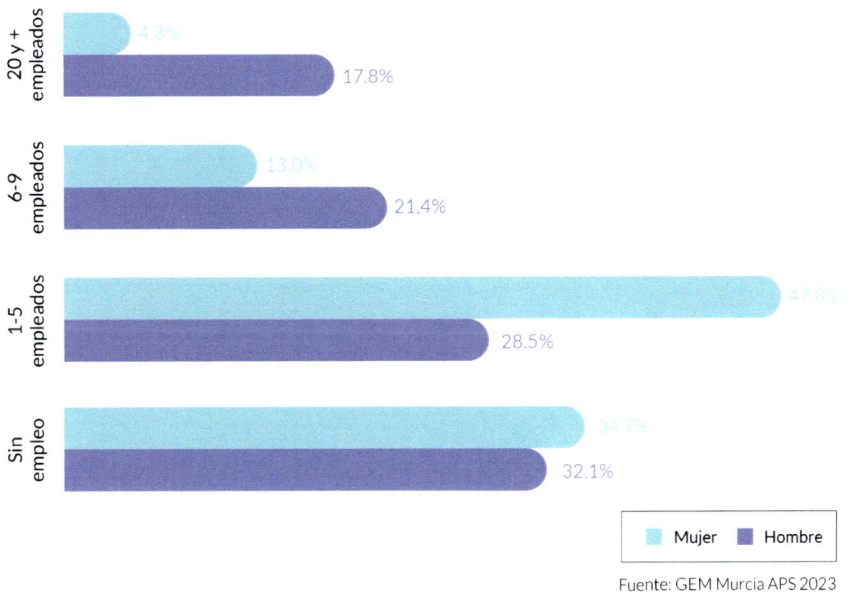

Fuente: GEM Murcia APS 2023

En 2023, casi la mitad de las mujeres de la región tienen expectativas de contratar entre uno y cinco empleados en los próximos cinco años, frente al 28,5% de los hombres de la región. Sin embargo, las mujeres mantienen expectativas de creación de empleo más conservadoras a la hora de realizar contrataciones más numerosas, llegando los hombres a cuadruplicar las expectativas de las mujeres a la hora de contratar plantillas de más de 20 empleados.

4.5 Nivel Tecnológico

En la región, al igual que en el resto de España, aún estamos trabajando para consolidar un tejido emprendedor con una mayor orientación tecnológica. Actualmente, un 7% de los emprendedores recientes y un 10% de las empresas consolidadas califican sus iniciativas como de nivel tecnológico medio o alto. Sin embargo, es importante destacar que en 2023 Murcia ha registrado un crecimiento en el porcentaje de iniciativas recientes (TEA) y consolidadas de nivel tecnológico alto, lo que ha permitido reducir o incluso cerrar la brecha que existía con las cifras nacionales en años anteriores. A pesar de estos avances, el porcentaje de iniciativas de nivel tecnológico medio ha experimentado un descenso, especialmente entre las empresas consolidadas, en una tendencia similar a la observada en el conjunto del país.

Es interesante realizar un análisis del comportamiento innovador en función de las distintas variables demográficas del emprendedor.

Así, si atendemos a la diferencia entre hombres y mujeres, este año se invierte la tendencia regional de años anteriores, de forma que en 2023 son las mujeres las que lideran más iniciativas recientes (TEA) de nivel tecnológico medio-alto, frente a los hombres que lideran más iniciativas consolidadas de nivel tecnológico medio-alto. A nivel nacional son los hombres los que lideran más iniciativas a lo largo de todo el proceso emprendedor.

A nivel regional se observa cómo, a medida que aumenta el rango de edad de los emprendedores, disminuye el nivel tecnológico de las iniciativas emprendedoras. De forma que, el mayor porcentaje de iniciativas de nivel tecnológico medio-alto está liderado por emprendedores con edades comprendidas entre los 25 y los 34 años. En este rango de edad, además, el porcentaje de iniciativas consolidadas regionales casi triplica el porcentaje nacional.

El porcentaje de iniciativas recientes (TEA) de nivel tecnológico medio-alto se mantiene por debajo del de las iniciativas consolidadas en todos los rangos de edad.

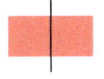

Gráfico 4.5.1
EVOLUCIÓN DEL NIVEL TECNOLÓGICO DE LAS INICIATIVAS EMPRENDEDORAS

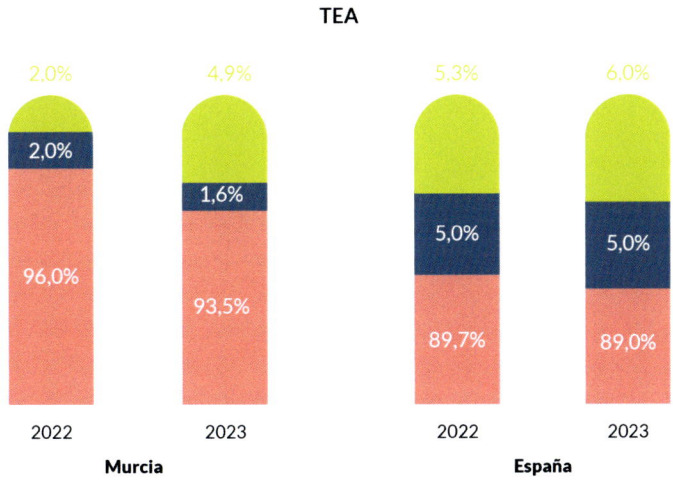

TEA

	Murcia		España	
	2022	2023	2022	2023
Alto nivel tecnológico	2,0%	4,9%	5,3%	6,0%
Medio nivel tecnológico	2,0%	1,6%	5,0%	5,0%
Bajo nivel tecnológico	96,0%	93,5%	89,7%	89,0%

EMPRESAS CONSOLIDADAS

	Murcia		España	
	2022	2023	2022	2023
Alto nivel tecnológico	1,6%	5,2%	4,0%	5,0%
Medio nivel tecnológico	12,5%	5,4%	10,0%	7,0%
Bajo nivel tecnológico	85,9%	89,5%	86,0%	88,0%

■ Bajo nivel tecnológico   ■ Medio nivel tecnológico   ■ Alto nivel tecnológico

Fuente: GEM Murcia APS 2023

107

Gráfico 4.5.2
NIVEL TECNOLÓGICO POR SEXO

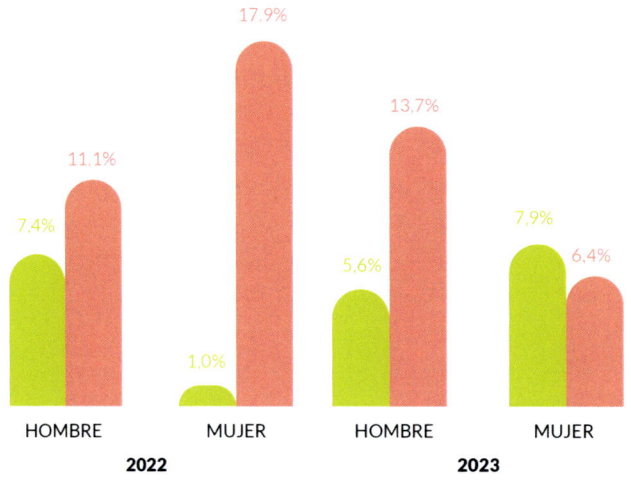

Fuente: GEM Murcia APS 2023

Gráfico 4.5.3
NIVEL TECNOLÓGICO POR EDAD

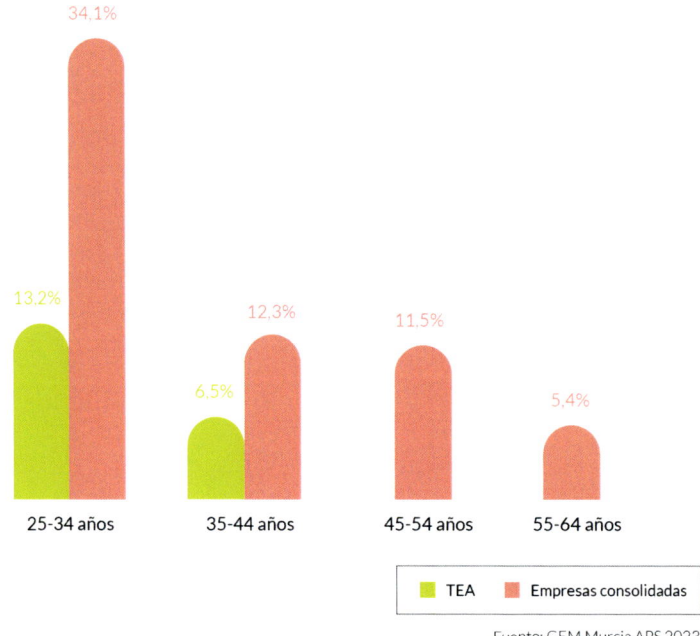

Fuente: GEM Murcia APS 2023

Al igual que ocurre a nivel nacional, también a nivel regional el nivel educativo de los emprendedores condiciona la orientación tecnológica de sus iniciativas. No obstante, en Murcia, las diferencias por nivel educativo no son tan acuciadas como el año pasado pese a reflejar cifras similares a las nacionales este año.

Gráfico 4.5.4
NIVEL TECNOLÓGICO POR EDAD

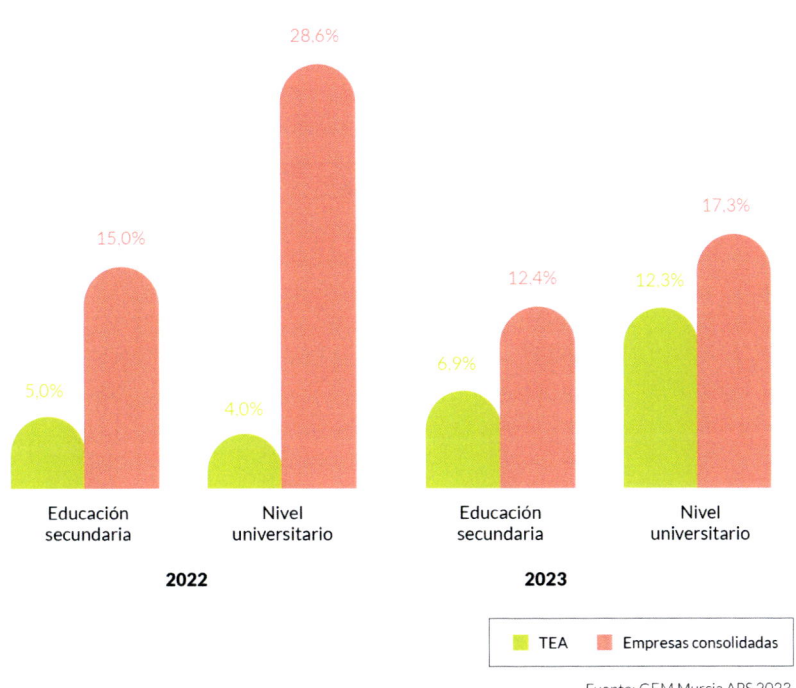

Nivel tecnológico por nivel educativo

Fuente: GEM Murcia APS 2023

La orientación tecnológica de las iniciativas emprendedoras se concentra en la región tan sólo en el sector de servicios a empresas. En comparación con 2022, se observan incrementos significativos en el porcentaje de emprendedores de este sector que califican sus iniciativas como de nivel tecnológico medio-alto, especialmente entre las iniciativas recientes.

El sector extractivo, el transformador y el de servicios al consumidor permanecen ausentes como nicho de iniciativas emprendedoras de orientación tecnológica.

Gráfico 4.5.5
NIVEL TECNOLÓGICO POR SECTOR

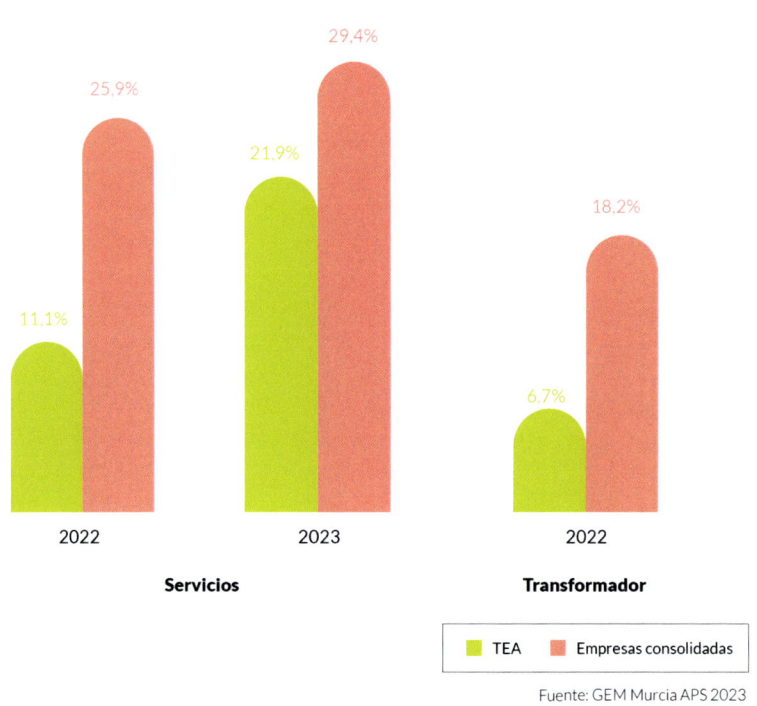

Nivel tecnológico por sector

Fuente: GEM Murcia APS 2023

En 2022 los datos regionales indicaron que el número de empleados condicionaba negativamente el nivel tecnológico de las iniciativas emprendedoras en todas sus etapas. Sin embargo, los datos regionales de 2023 reflejan un cambio de tendencia que nos alinea con el resto de España, al mostrar que el tamaño de las iniciativas emprendedoras condiciona positivamente su nivel tecnológico. Así, una de cada cinco iniciativas consolidadas con plantillas de entre 6 y 19 empleados tienen un nivel tecnológico medio-alto.

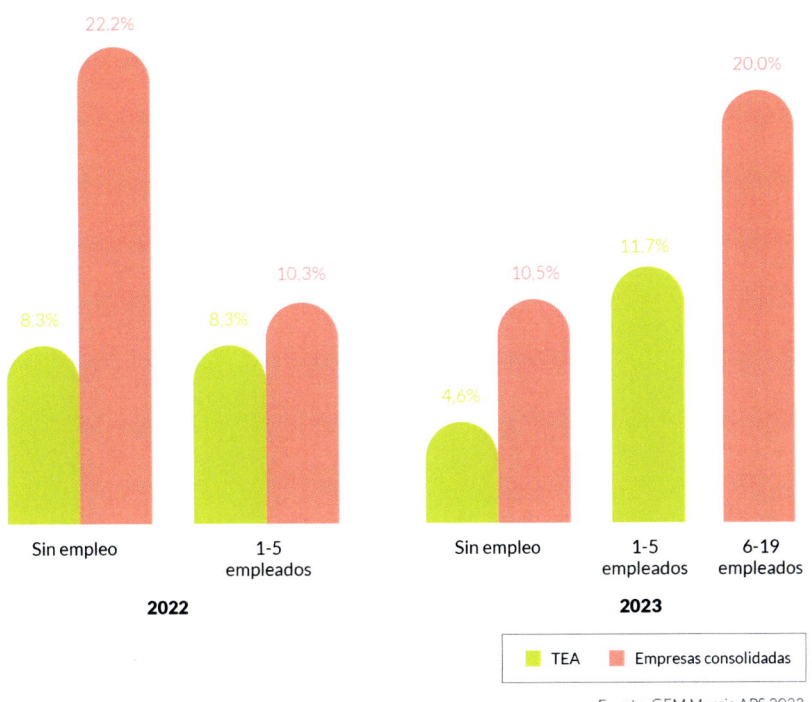

Fuente: GEM Murcia APS 2023

4.6 Orientación innovadora

Los datos regionales de 2023 reflejan una tendencia alineada con el panorama nacional, donde aproximadamente un tercio de las iniciativas emprendedoras recientes (TEA) y uno de cada cinco emprendedores a cargo de empresas consolidadas están introduciendo nuevos productos al mercado y/o implementando nuevos procesos de negocio. En comparación con 2022, se observa en Murcia un leve retroceso en la innovación de producto, pero al mismo tiempo, se ha registrado un avance importante en la adopción de nuevos procesos a lo largo del ciclo emprendedor. Este cambio subraya un fortalecimiento en la optimización de métodos y procesos dentro de las empresas de la región.

Gráfico 4.6.1
EVOLUCIÓN DE LA INNOVACIÓN EN PRODUCTO Y EN PROCESO

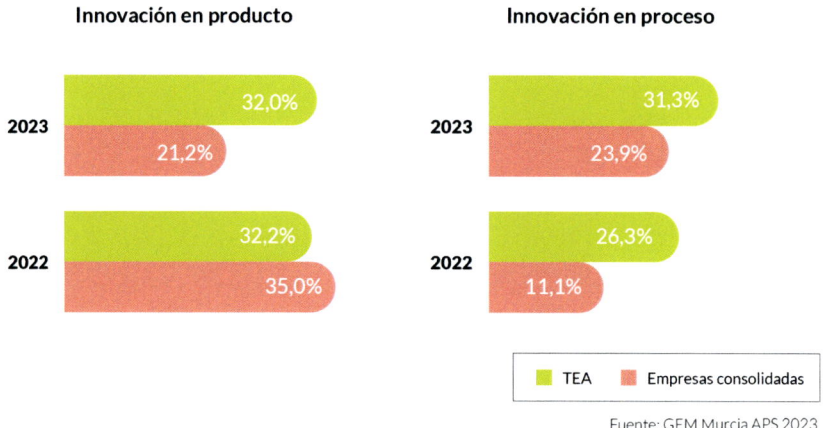

Fuente: GEM Murcia APS 2023

El porcentaje de mujeres emprendedoras que lideran iniciativas recientes (TEA) capaces de innovar en producto y en proceso es inferior al de los hombres en tan sólo siete puntos porcentuales. Así, mientras una de cada cuatro mujeres lidera una iniciativa innovadora reciente, en el caso de los hombres es uno de cada tres.

Sin embargo, las diferencias entre hombres y mujeres que lideran empresas consolidadas capaces de innovar en proceso y en producto son muy acuciadas, liderando los hombres seis veces más iniciativas innovadoras consolidadas que las mujeres.

En Murcia se observa como el porcentaje de iniciativas consolidadas innovadoras en producto y proceso disminuyen conforme aumenta la edad del emprendedor. El auge de las iniciativas consolidadas innovadoras se da en el rango de edad entre los 25 y los 34 años, donde prácticamente 7 de cada diez emprendedores lanzan nuevos productos al mercado y/o desarrollan nuevos procesos de negocio.

Sin embargo, no se observa un patrón claro entre la edad y la propensión a innovar producto y/o proceso entre las iniciativas innovadoras recientes

Gráfico 4.6.2
INNOVACIÓN EN PRODUCTO Y EN PROCESO EN FUNCIÓN DEL SEXO

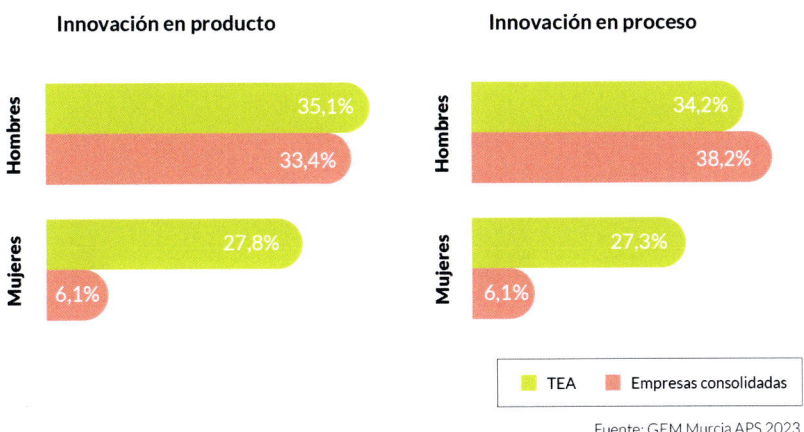

Fuente: GEM Murcia APS 2023

(TEA). Los mayores porcentajes de emprendedores innovadores entre las iniciativas recientes se dan entre los 35 y 44 años en el caso de los nuevos productos, y entre los 25 y 34 años en el caso de las innovaciones de proceso. En ambos casos, dichos porcentajes giran en torno al 40%.

En Murcia, al contrario que en España, sí se observan diferencias en el porcentaje de iniciativas emprendedoras que innovan en producto y/o proceso entre emprendedores de distintos niveles educativos. Los emprendedores que más innovan en producto son aquellos con educación primaria tanto para las iniciativas recientes (57,1%) como para las consolidadas (28,3%). De igual modo, las iniciativas emprendedoras recientes que más innovan en proceso son las de emprendedores con educación primaria (61,4%), mientras que los emprendedores consolidados que más innovan en proceso son los que tienen educación secundaria (31%), seguido de cerca por aquellos con educación universitaria (27%).

113

Gráfico 4.6.3
INNOVACIÓN EN PRODUCTO Y EN PROCESO EN FUNCIÓN DE LA EDAD

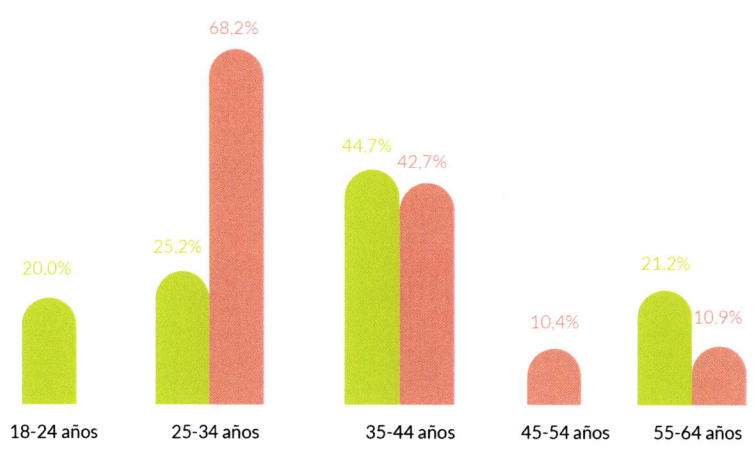

Innovación en producto

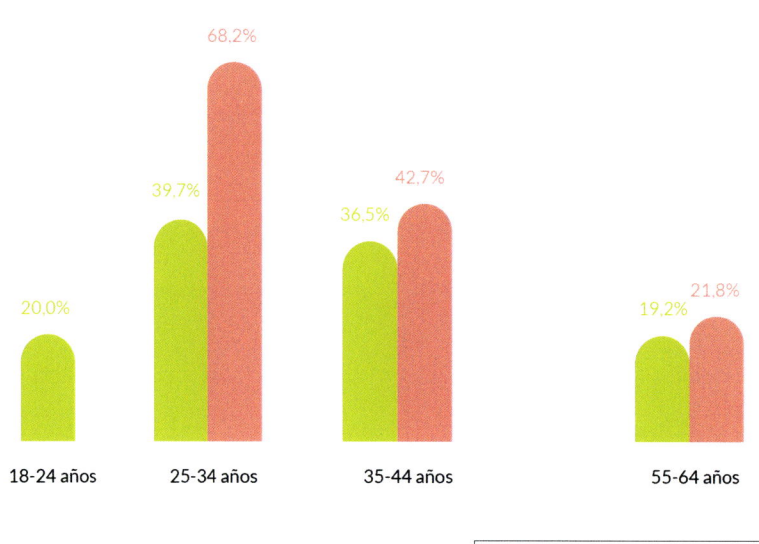

Innovación en proceso

TEA   Empresas consolidadas

Fuente: GEM Murcia APS 2023

Gráfico 4.6.4
INNOVACIÓN EN PRODUCTO Y EN PROCESO EN FUNCIÓN DEL NIVEL EDUCATIVO

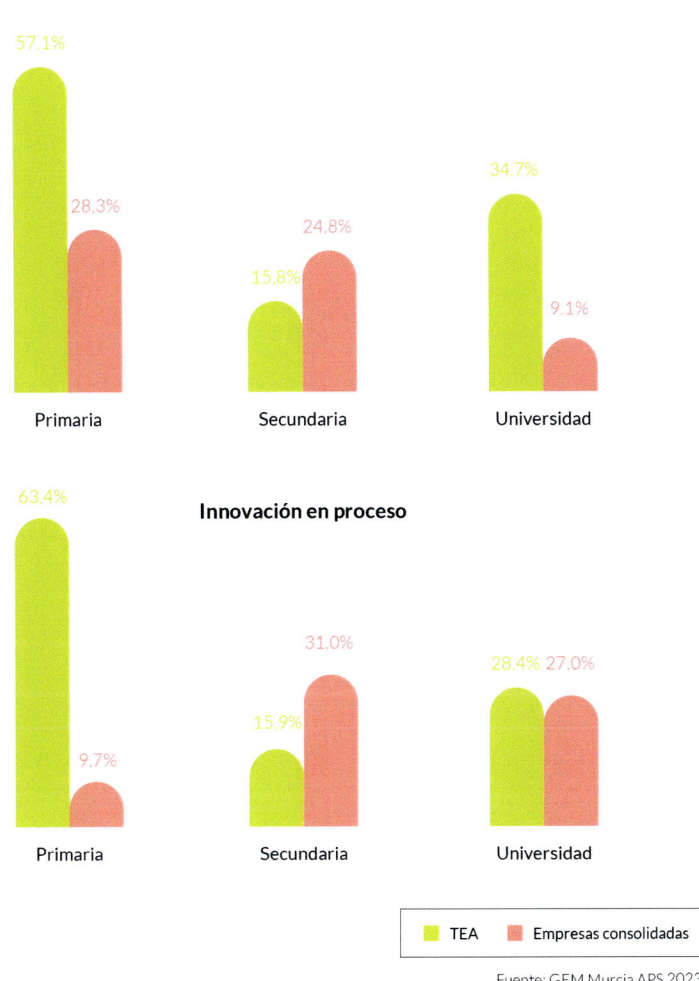

Innovación en producto

Primaria: 57.1% TEA, 28.3% Empresas consolidadas
Secundaria: 15.8% TEA, 24.8% Empresas consolidadas
Universidad: 34.7% TEA, 9.1% Empresas consolidadas

Innovación en proceso

Primaria: 63.4% TEA, 9.7% Empresas consolidadas
Secundaria: 15.9% TEA, 31.0% Empresas consolidadas
Universidad: 28.4% TEA, 27.0% Empresas consolidadas

TEA — Empresas consolidadas

Fuente: GEM Murcia APS 2023

Las iniciativas recientes (TEA) más innovadoras tanto en producto como en proceso se concentran en los sectores de servicios a empresas y al consumidor. En dichos sectores un tercio de los emprendedores a cargo de iniciativas recientes innova en proceso, uno de cada cinco innova en producto en el sector de servicios a empresas, y casi la mitad innova en producto en el sector de servicios al consumidor.

En cuanto a los emprendedores a cargo de empresas consolidadas, innovan más en producto y proceso en el sector transformador y en el de servicios a empresas con porcentajes que rondan el 30%.

Gráfico 4.6.5
INNOVACIÓN EN PRODUCTO Y EN PROCESO EN FUNCIÓN DEL SECTOR DE ACTIVIDAD

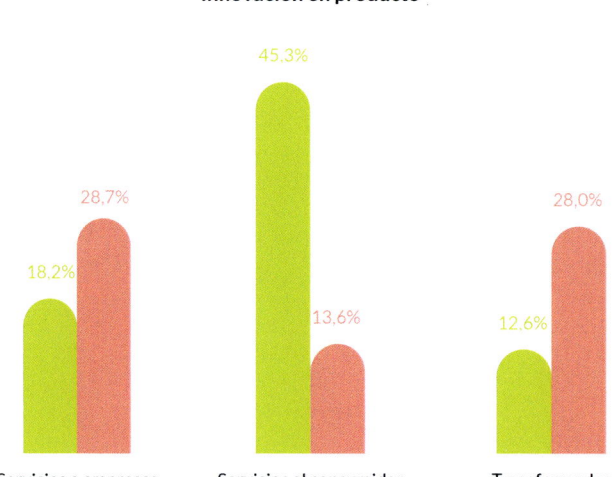

Innovación en producto

Innovación en proceso

Fuente: GEM Murcia APS 2023

Gráfico 4.6.6
INNOVACIÓN EN PRODUCTO Y EN PROCESO EN FUNCIÓN DEL TAMAÑO

Innovación en producto

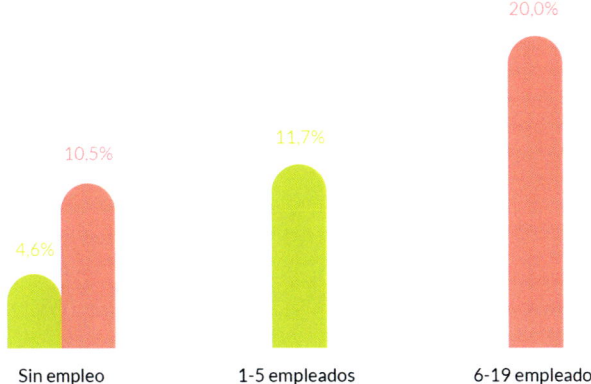

	Sin empleo	1-5 empleados	6-19 empleados
TEA	4,6%	11,7%	
Empresas consolidadas	10,5%		20,0%

Innovación en proceso

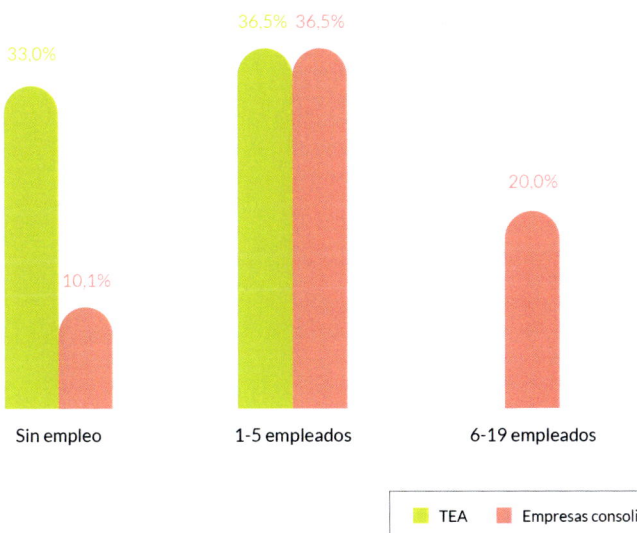

	Sin empleo	1-5 empleados	6-19 empleados
TEA	33,0%	36,5%	
Empresas consolidadas	10,1%	36,5%	20,0%

■ TEA ■ Empresas consolidadas

Fuente: GEM Murcia APS 2023

Los emprendedores regionales recientes y consolidados con más de 20 empleados señalan que no innovan en producto. No obstante, se observa un patrón que indica que el porcentaje de innovación en producto crece al aumentar el tamaño de la empresa a lo largo de todo el proceso emprendedor. De esta forma, en Murcia, el 20 % de las empresas consolidadas que tienen entre 6 y 19 empleados innovan en producto.

Aún cuando los emprendedores recientes con más de 5 empleados indican que no innovan en proceso, se observa que las iniciativas emprendedoras que innovan en proceso son las que cuentan con mayor número de empleados a lo largo de todo el proceso emprendedor.

4.7. Perfil digital de las iniciativas emprendedoras

Otro de los aspectos que evalúa el proyecto GEM para identificar el perfil de las iniciativas emprendedoras, es el nivel de digitalización de los proyectos, con el fin de detectar los motivos y principales obstáculos para mejorar el nivel de digitalización.

El gráfico 4.7.1. muestra la adopción de tecnologías digitales en la Región de Murcia y España en 2023. Se aprecia como la mayor parte de los emprendedores recientes (TEA) de la Región afirman haber adoptado tecnologías digitales tras el estallido de la pandemia (con un 31,1%) o haber planificado la implementación de una serie de tecnologías digitales antes de la pandemia (con un 29,2%). Los datos a nivel nacional también revelan un comportamiento similar. Por su parte, en relación con las empresas consolidadas de la Región de Murcia, se indica de forma predominante haber planificado la implementación de una serie de tecnologías digitales antes de la pandemia (con un 38,4%), de igual modo que sucede en el conjunto de España.

Las razones para no digitalizar una iniciativa emprendedora pueden estar relacionadas con factores estratégicos, falta de preparación del emprendedor o falta de financiación para llevarlo a cabo. En este sentido, el gráfico 4.7.2. muestra las barreras a la digitalización en la Región de Murcia y España en el año 2023. En el caso de las iniciativas recientes (TEA) de la Región de Murcia, casi la mitad afirma que la razón para no digitalizar se debe a que ello no resulta prioritario para ellas (con un 48%). Ello contrasta con los datos obtenidos a nivel nacional, donde la barrera mayoritaria indicada por las iniciativas recientes (TEA) es la falta de financiación (con un 38%) muy próxima al hecho de no estar la digitalización entre sus prioridades (con un 35%). Por su parte, en relación con las empresas consolidadas de la Región de Murcia, también predomina el hecho de no estar la digitalización entre los objetivos estratégicos (siendo, en este caso, el porcentaje del 56%), al igual que sucede en el panorama nacional (con un 67%).

Gráfico 4.7.1
ADOPCIÓN DE TECNOLOGÍAS DIGITALES EN MURCIA Y ESPAÑA

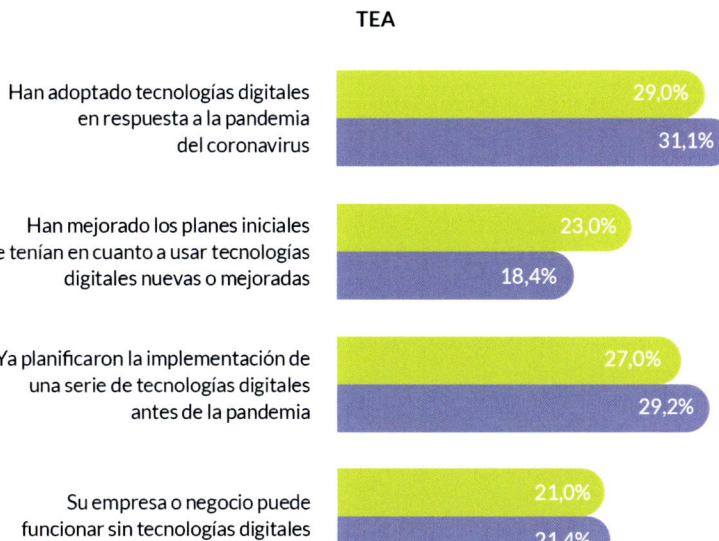

TEA

	España	Murcia
Han adoptado tecnologías digitales en respuesta a la pandemia del coronavirus	29,0%	31,1%
Han mejorado los planes iniciales que tenían en cuanto a usar tecnologías digitales nuevas o mejoradas	23,0%	18,4%
Ya planificaron la implementación de una serie de tecnologías digitales antes de la pandemia	27,0%	29,2%
Su empresa o negocio puede funcionar sin tecnologías digitales	21,0%	21,4%

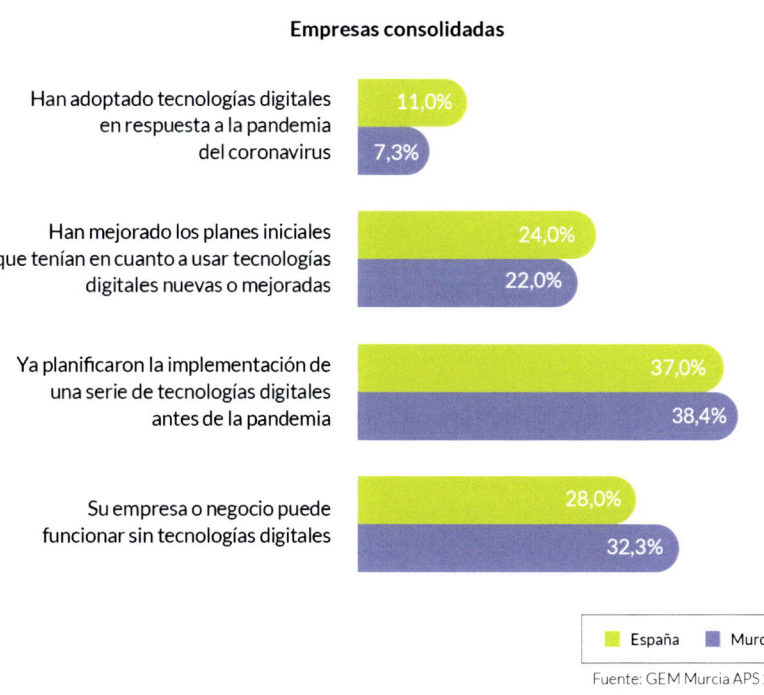

Empresas consolidadas

	España	Murcia
Han adoptado tecnologías digitales en respuesta a la pandemia del coronavirus	11,0%	7,3%
Han mejorado los planes iniciales que tenían en cuanto a usar tecnologías digitales nuevas o mejoradas	24,0%	22,0%
Ya planificaron la implementación de una serie de tecnologías digitales antes de la pandemia	37,0%	38,4%
Su empresa o negocio puede funcionar sin tecnologías digitales	28,0%	32,3%

España ▪ Murcia

Fuente: GEM Murcia APS 2023

119

Gráfico 4.7.2
BARRERAS A LA DIGITALIZACIÓN EN MURCIA Y ESPAÑA

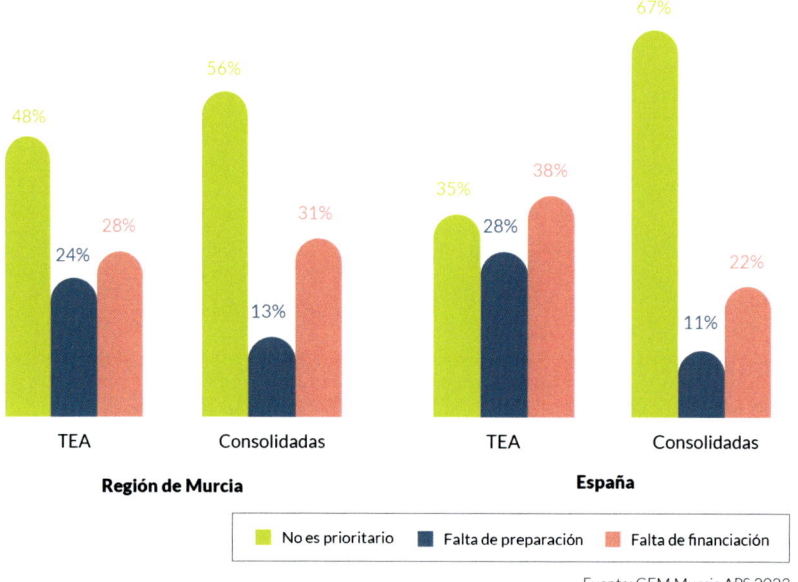

Fuente: GEM Murcia APS 2023

El gráfico 4.7.3. muestra el nivel de digitalización en la Región de Murcia y España en el año 2023. En el caso de las iniciativas recientes (TEA), un tercio de estas iniciativas en la Región de Murcia ya disponen de correo, página web y redes sociales (un 33%), y cada vez más se está incrementando el número de ellas que utiliza técnicas de digitalización más avanzadas (como la distribución de productos a través de una tienda online o el uso de herramientas de inteligencia artificial). De hecho, los porcentajes son mayores en la Región que en el promedio nacional en cuanto al uso de la inteligencia artificial (un 18% en el caso de la Región de Murcia y un 12% en el caso de España). En relación con las empresas consolidadas de la Región de Murcia, lo más predominante es tener únicamente correo electrónico (con un 40%). Por su parte, únicamente un 18% de las iniciativas consolidadas de la Región de Murcia afirman hacer uso de correo electrónico, página web y redes sociales, siendo dicho porcentaje del 34% para el caso de España, lo que sitúa a las iniciativas de la Región en cierta desventaja.

De forma complementaria, el gráfico 4.7.4. muestra el nivel de digitalización en función del sexo del emprendedor en la Región de Murcia en 2023. En el caso de las iniciativas recientes (TEA), tanto en mujeres como en hombres predomina la opción de tener correo, página web y redes sociales (de forma

Gráfico 4.7.3
NIVEL DE DIGITALIZACIÓN EN MURCIA Y ESPAÑA

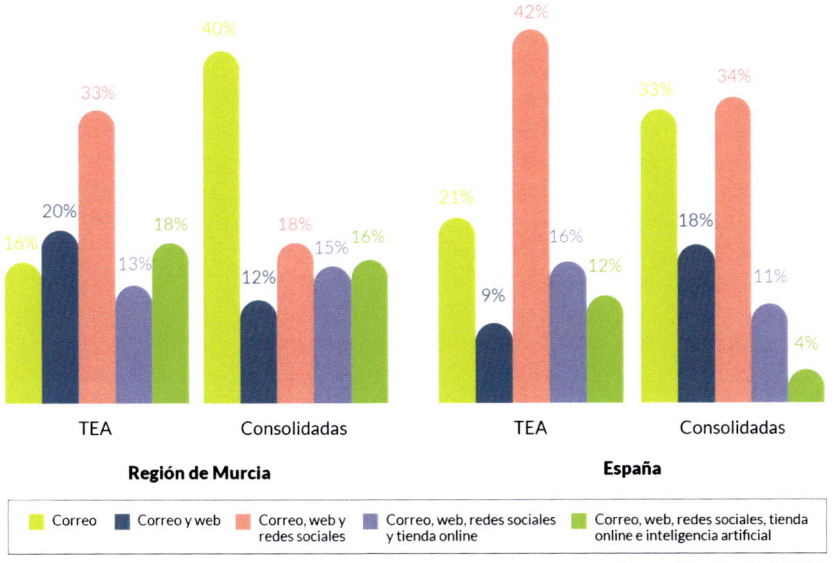

Fuente: GEM Murcia APS 2023

Gráfico 4.7.4
NIVEL DE DIGITALIZACIÓN POR SEXO

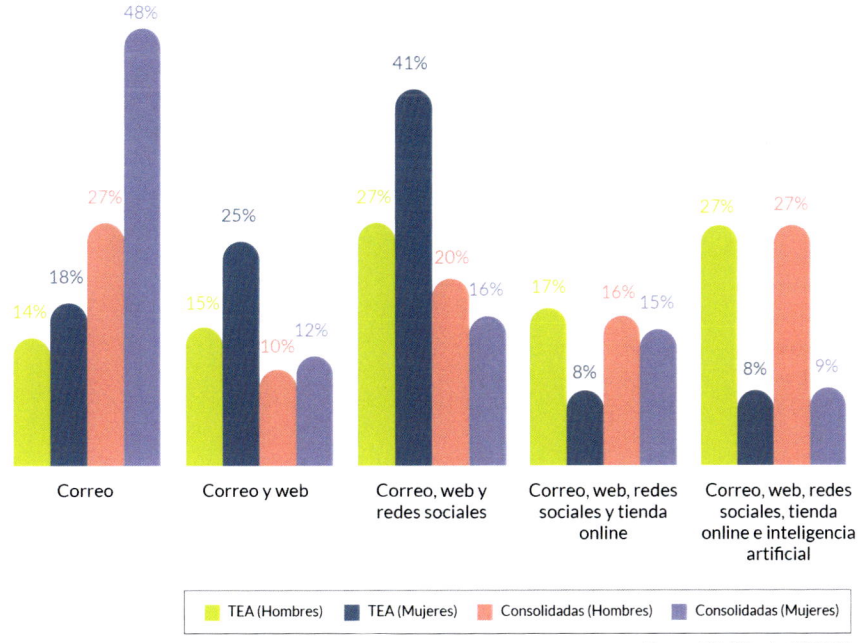

Fuente: GEM Murcia APS 2023

similar a lo indicado a nivel agregado en el gráfico anterior). Por su parte, en relación con las empresas consolidadas, lo predominante en mujeres es contar únicamente con correo electrónico (con un 48%), mientras que en hombres existe un equilibrio entre contar únicamente con correo electrónico (con un 27%) y hacer uso de técnicas más avanzadas (que incluyen la distribución de productos a través de una tienda online o el uso de herramientas de inteligencia artificial) (con otro 27%).

El gráfico 4.7.5., por su parte, muestra el nivel de digitalización en función de la edad del emprendedor en la Región de Murcia en 2023. En el caso de las

Gráfico 4.7.5

NIVEL DE DIGITALIZACIÓN POR EDAD

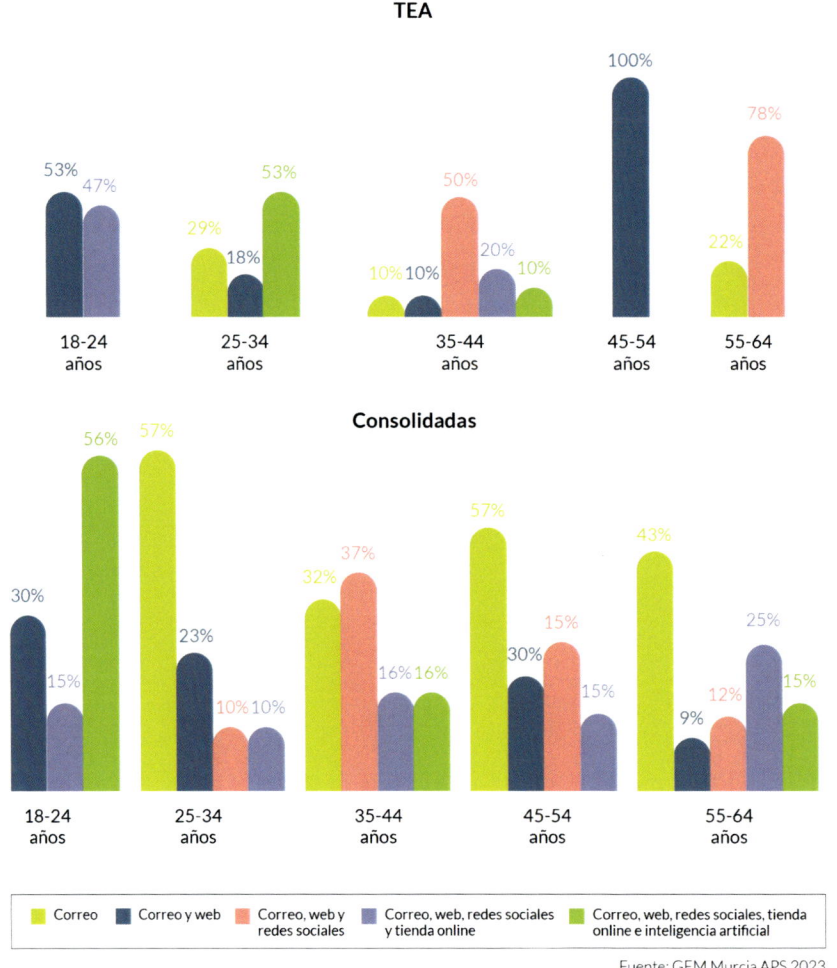

Fuente: GEM Murcia APS 2023

iniciativas recientes (TEA), son las franjas de edad más jóvenes las que hacen uso de las técnicas más avanzadas; en particular, un 47% entre 18-24 años afirma tener correo electrónico, página web, redes sociales y tienda online, mientras que un 53% entre 25-34 años afirma, además de lo anterior, hacer uso de la inteligencia artificial. Por su parte, conforme se avanza en las franjas de edad, aumenta la probabilidad de usar solo técnicas tradicionales (como correo electrónico y página web). En relación con las empresas consolidadas, los patrones son similares, existiendo una mayor prensión a usar técnicas avanzadas cuando se es más joven, mientras que se opta por técnicas tradicionales cuando se tiene más edad.

El gráfico 4.7.6. muestra el nivel de digitalización en función del nivel educativo del emprendedor en la Región de Murcia en 2023. A nivel general, se aprecia como a mayor nivel educativo, mayor uso de técnicas más avanzadas de digitalización. De hecho, en el caso de las iniciativas recientes (TEA), más de dos tercios de los emprendedores con estudios primarios y secundarios disponen de correo, página web y redes sociales. Sin embargo, cuando se poseen estudios universitarios, lo predominante (con un 44%) es tener, además de lo anterior, tienda online para distribuir. En el caso de empresas consolidadas, lo predominante es tener únicamente correo electrónico, teniendo el resto de los medios una importancia más residual.

Gráfico 4.7.6
NIVEL DE DIGITALIZACIÓN POR NIVEL EDUCATIVO

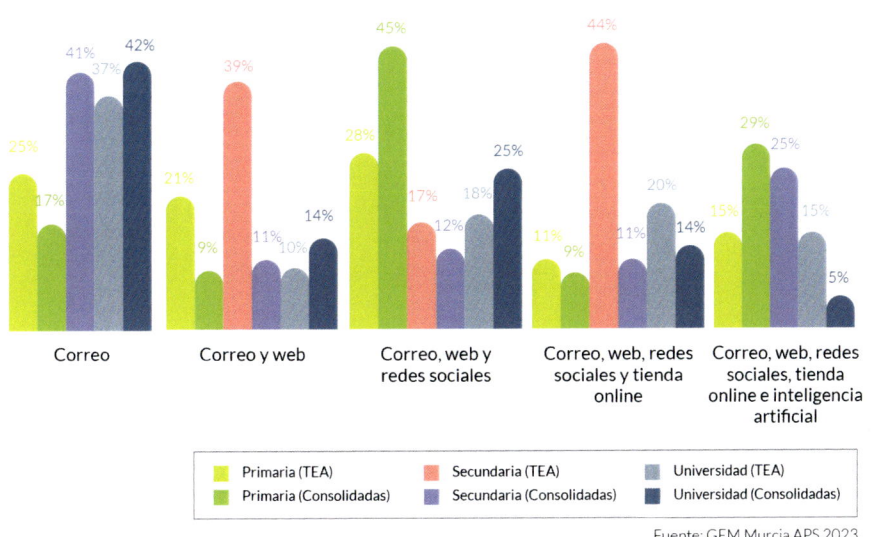

Fuente: GEM Murcia APS 2023

Gráfico 4.7.7
NIVEL DE DIGITALIZACIÓN POR SECTOR

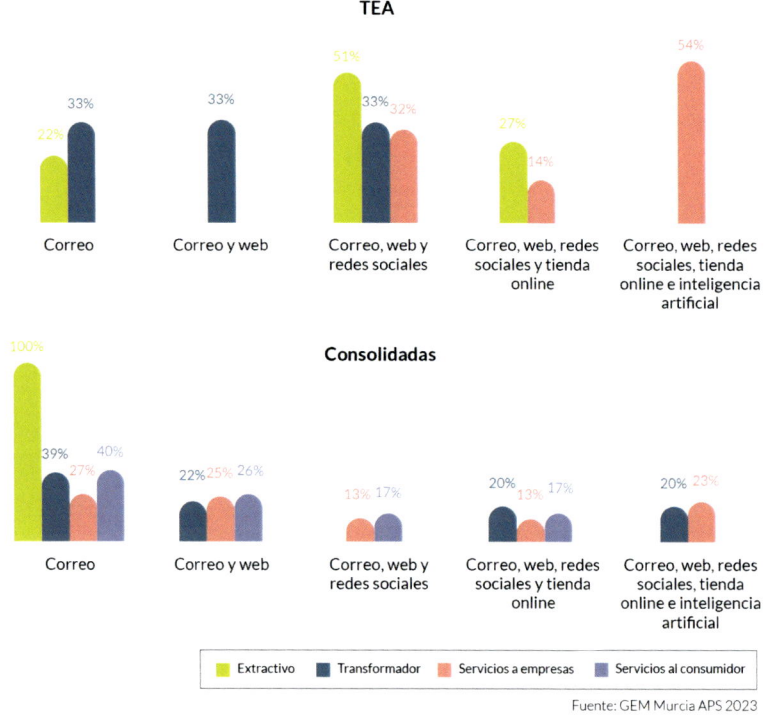

Fuente: GEM Murcia APS 2023

El gráfico 4.7.7. muestra, por su parte, el nivel de digitalización en función del sector en la Región de Murcia en 2023. A nivel de iniciativas recientes (TEA), la opción más recurrida es contar con correo electrónico, página web y redes sociales. Sin embargo, en el sector de servicios a empresas destaca, además, el uso de técnicas más avanzadas (como la existencia de tiendas online y el uso de la inteligencia artificial). Por su parte, en el caso de iniciativas consolidadas, en todos los sectores la acción más predominante es tener únicamente correo electrónico.

Por último, el gráfico 4.7.8. muestra el nivel de digitalización en función del tamaño en la Región de Murcia en 2023. Respecto a las iniciativas recientes (TEA), mientras que en las empresas sin empleados predominan el contar con técnicas más avanzadas (por ejemplo, uso de la inteligencia artificial) (con un 34%), en el resto de los tamaños son más recurridos los medios tradicionales (como el correo electrónico, la página web y/o las redes sociales). En el caso de iniciativas consolidadas, la opción más recurrida en las em-

Gráfico 4.7.8
NIVEL DE DIGITALIZACIÓN POR TAMAÑO

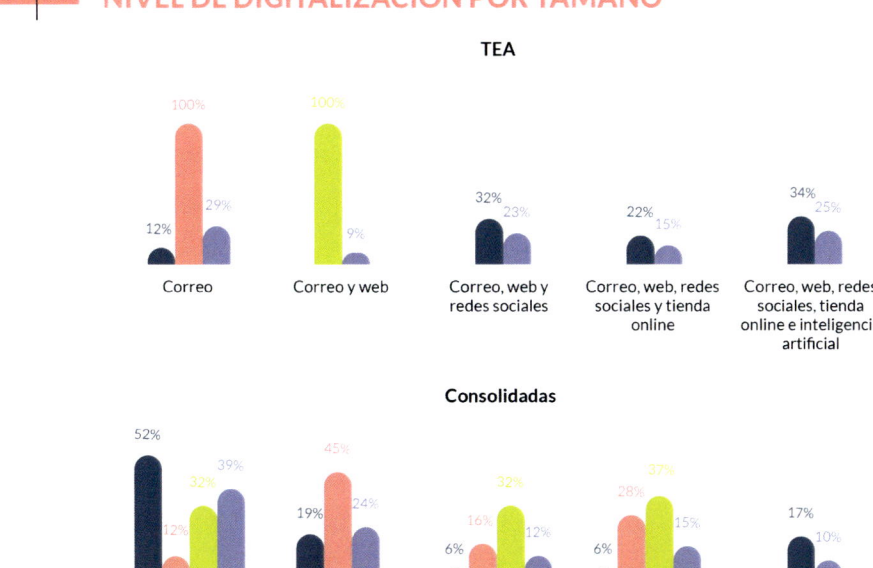

Fuente: GEM Murcia APS 2023

presas sin empleados y en las de 20 o más empleados es contar únicamente con correo electrónico. Sin embargo, las empresas con un tamaño intermedio optan mayoritariamente por incluir otras opciones como la página web (como sucede en las de 1-5 empleados, con un 45%) y la tienda online (como sucede en las de 6-19 empleados, con un 37%).

En resumen, las empresas consolidadas de la Región de Murcia muestran una mayor tendencia a limitarse a técnicas digitales básicas como el uso de correo electrónico, mientras que las iniciativas recientes están más dispuestas a adoptar tecnologías avanzadas. El análisis también destaca que los emprendedores jóvenes tienden a utilizar tecnologías digitales más sofisticadas. Por sector, las empresas de servicios a empresas son las más propensas a utilizar técnicas avanzadas. Además, hay una clara relación positiva entre el nivel educativo y el uso de técnicas avanzadas de digitalización, lo que sugiere que fomentar la educación y formación en competencias digitales podría ser clave para impulsar la transformación digital en la región. Finalmente, no hay que olvidar que barreras como la falta de prioridad y de financiación siguen siendo obstáculos importantes para una mayor digitalización en la Región de Murcia.

4.8 Expectativas de adopción de tecnologías digitales

En 2023, un 46% de las personas emprendedoras involucradas en iniciativas recientes (TEA) esperaba utilizar tecnologías digitales en su proceso emprendedor. Por su parte, este porcentaje es ligeramente inferior (32%) en el caso de las empresas consolidadas. Estos porcentajes son muy similares a los obtenidos para el conjunto de España (45% y 27%, respectivamente) y similares, a su vez, a los obtenidos el año 2022 en la Región de Murcia.
El gráfico 4.8.2. analiza las expectativas de adopción de tecnologías digitales en función del sexo del emprendedor en la Región de Murcia y España para el año 2023. En el caso de iniciativas recientes (TEA), se aprecia que, en la Región de Murcia, el porcentaje de hombres es superior al de mujeres (48% frente al 43%). Por su parte, en el caso de España, no existen apenas diferencias en cuanto a las expectativas de adopción de tecnologías digitales en función del sexo. En el caso de las iniciativas consolidadas, el porcentaje de hombres es muy superior al de mujeres en la Región de Murcia (52% frente al 10%), siendo, pues, la diferencia muy acusada. Por el contrario, en el caso de España, el porcentaje de hombres es inferior al de mujeres (25% frente al 29%).

Gráfico 4.8.1
EVOLUCIÓN DE LAS EXPECTATIVAS DE ADOPCIÓN DE TECNOLOGÍAS DIGITALES

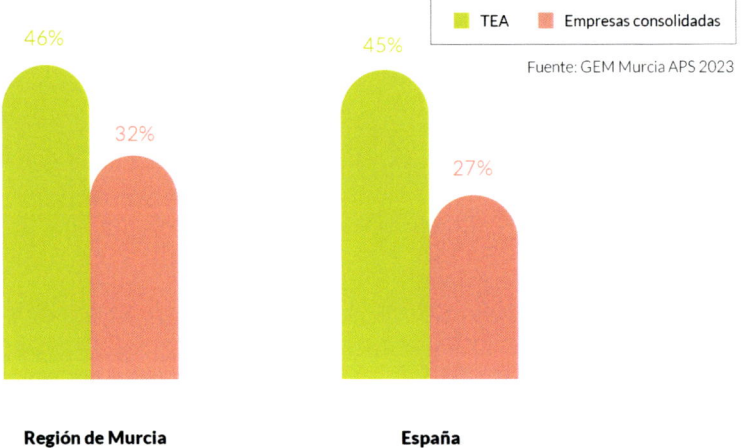

Fuente: GEM Murcia APS 2023

Gráfico 4.8.2
**EXPECTATIVAS DE ADOPCIÓN DE TECNOLOGÍAS
DIGITALES POR SEXO**

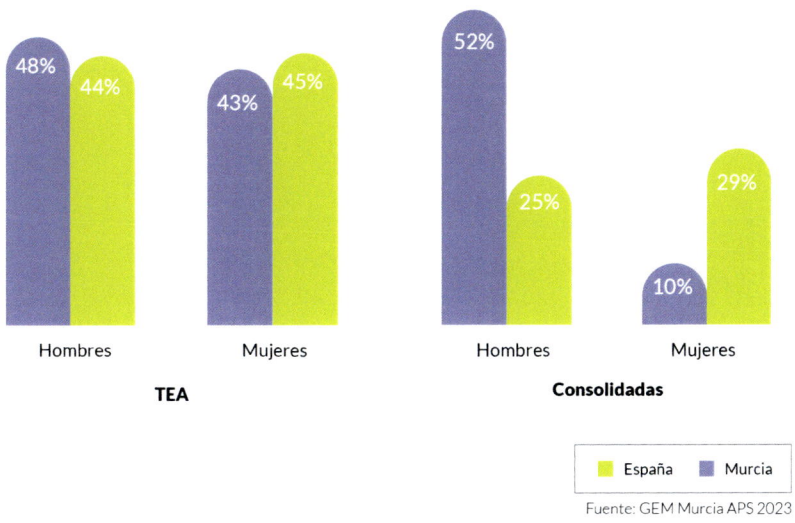

Fuente: GEM Murcia APS 2023

El gráfico 4.8.3. analiza las expectativas de adopción de tecnologías digitales en función del nivel educativo de los emprendedores en 2023. En el caso de iniciativas recientes (TEA) de la Región de Murcia, se aprecia que las expectativas se reducen conforme el nivel educativo es mayor –de hecho, mientras que las expectativas alcanzan un 50% en el caso de emprendedores con estudios primarios, dichas expectativas caen hasta el 41% en el caso de emprendedores con estudios universitarios–. Estos datos difieren de los de España, dado que en el caso nacional sí existe una relación positiva entre las expectativas de adopción y el nivel educativo del emprendedor. Por otro lado, respecto de las iniciativas consolidadas, la relación que se percibe en la Región de Murcia es la opuesta a la obtenida para las iniciativas recientes (TEA), dado que el mayor porcentaje de expectativas de adopción de tecnologías digitales en empresas consolidadas está concentrado en emprendedores con estudios universitarios (con un 44%). Estos resultados sí son similares a los obtenidos para España.

El gráfico 4.8.4. analiza las expectativas de adopción en función de la edad de los emprendedores. En el caso de iniciativas recientes (TEA), se aprecia como las mayores expectativas en la Región de Murcia se localizan en las franjas de los 25-34 años (con un 48%) y de 45 a 44 años (con un 45%), de forma similar a lo que sucede en el panorama nacional (donde dichos porcentajes son del 49% y 47%, respectivamente). En relación con la concentración de expectativas en el grupo de iniciativas consolidadas, la franja predominante es la de 35-44 años para la Región de Murcia (con un 43%), mientras que es la de 25-34 años en el caso de España (con un 42%).

Gráfico 4.8.3
EXPECTATIVAS DE ADOPCIÓN DE TECNOLOGÍAS DIGITALES POR NIVEL EDUCATIVO

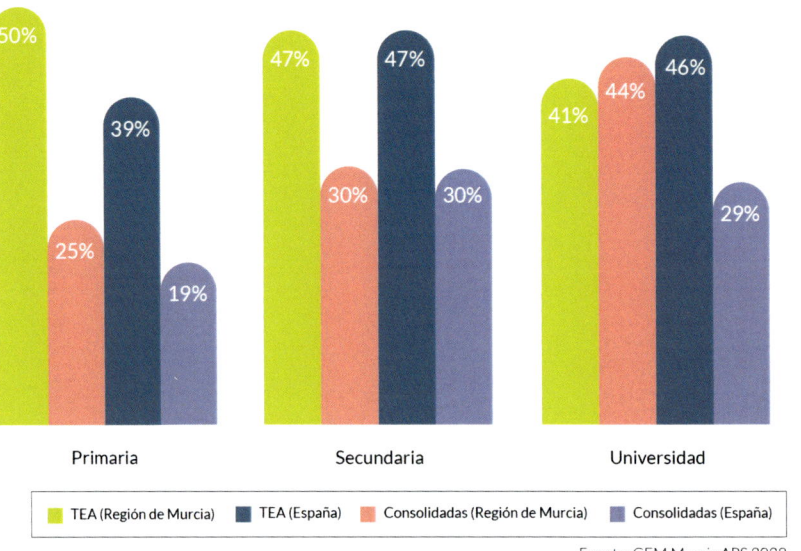

Fuente: GEM Murcia APS 2023

Gráfico 4.8.4
EXPECTATIVAS DE ADOPCIÓN DE TECNOLOGÍAS DIGITALES POR EDAD

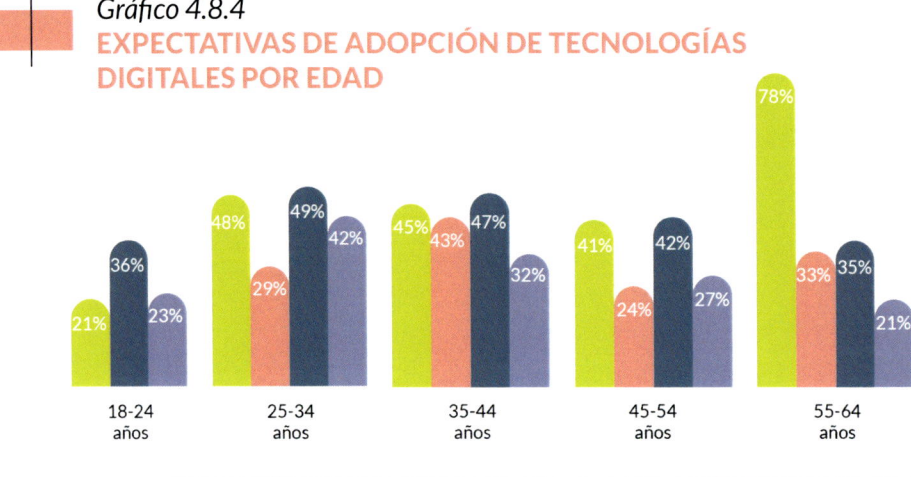

Fuente: GEM Murcia APS 2023

El gráfico 4.8.5. por su parte, analiza las expectativas de adopción en función del sector de la iniciativa emprendedora en 2023. En el caso de iniciativas recientes (TEA), las mayores expectativas en la Región de Murcia se localizan en el sector trasformador y en el sector de servicios a empresas (con un 64% y un 61%, respectivamente). Por su parte, en España, las mayores expectativas de las iniciativas recientes (TEA) se localizan en el sector de servicios al consumidor (con un 48%). Por otro lado, en el caso de las iniciativas consolidadas, las mayores expectativas se localizan en el sector de servicios a empresas, tanto en la Región de Murcia (con un 41%) como en el conjunto de España (con un 28%). Por otro lado, es curioso el resultado obtenido en el caso del sector extractivo en la Región de Murcia, dado que el porcentaje de expectativas de adopción de tecnologías digitales resulta nulo para el 2023.

Gráfico 4.8.5
EXPECTATIVAS DE ADOPCIÓN DE TECNOLOGÍAS DIGITALES POR SECTOR

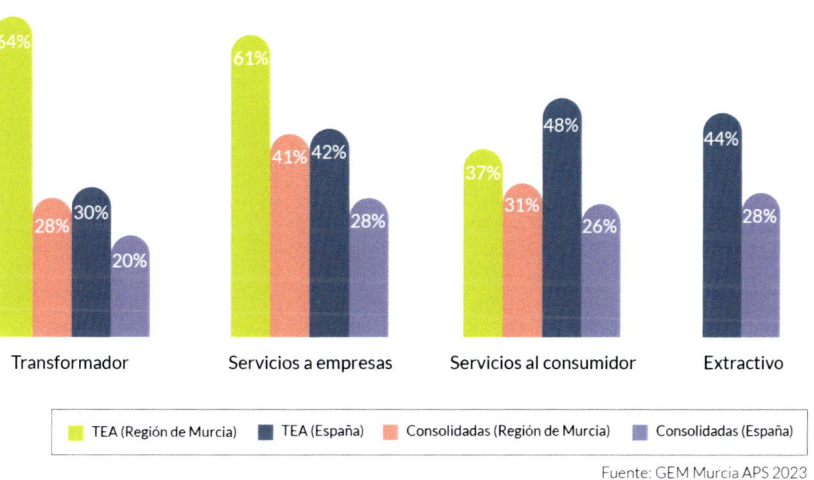

Fuente: GEM Murcia APS 2023

Finalmente, el gráfico 4.8.6. analiza las expectativas de adopción en función del tamaño de la iniciativa emprendedora en 2023. En el caso de iniciativas recientes (TEA), las mayores expectativas en la Región de Murcia se localizan en aquellas empresas que tienen entre 6 y 19 empleados o 20 o más empleados, donde dichos porcentajes ascienden al 100%. Por su parte, en España, los porcentajes obtenidos arrojan expectativas que rondan ente el 40-50% dependiendo de la franja. Por otro lado, en el caso de las iniciativas consolidadas, las mayores expectativas se localizan en empresas de 20 o más trabajadores, tanto en la Región de Murcia (con un 100%) como en España (con un 59%). Finalmente, hacer hincapié que es curioso que los porcentajes lleguen a ser del 100% en algunas franjas de tamaño en la Región.

Gráfico 4.8.6
EXPECTATIVAS DE ADOPCIÓN DE TECNOLOGÍAS DIGITALES POR TAMAÑO

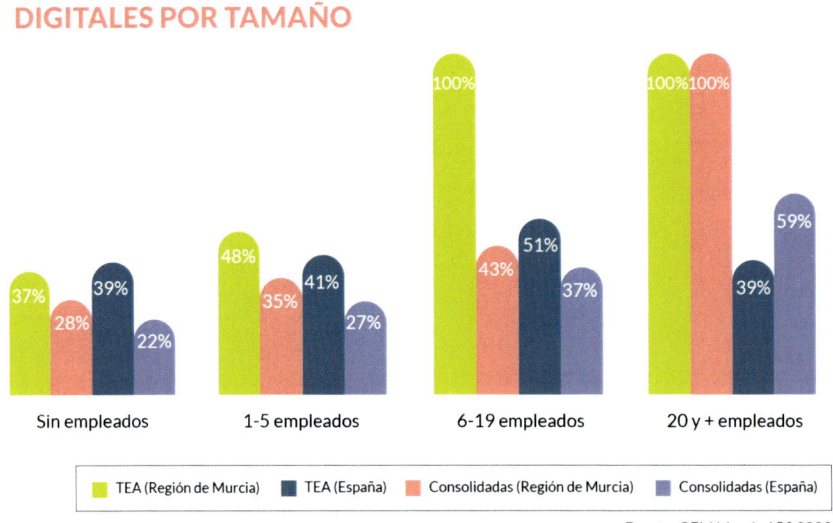

Fuente: GEM Murcia APS 2023

resumen, las expectativas de adopción de tecnologías digitales en la Región de Murcia en 2023 son similares a las del 2022, y similares, a su vez, a las obtenidas en el promedio nacional. De forma más específica, en la Región de Murcia, las expectativas suelen ser mayores en el grupo de hombres, en las franjas de edad de los 25 a los 44 años, en el sector de servicios a empresas y en empresas de mayor tamaño. Por su parte, en cuanto al nivel educativo, su relación con las expectativas de digitalización resulta positiva en iniciativas consolidadas, mientras que es negativa en el caso de iniciativas recientes (TEA).

4.9. Orientación internacional

La orientación internacional de los emprendedores murcianos arroja cifras similares a las nacionales. Tan sólo uno de cada cuatro emprendedores recientes y uno de cada cinco a cargo de empresas consolidadas exporta. Sin embargo, parece que, poco a poco, aumenta la orientación internacional de las iniciativas emprendedoras. Durante el año 2023 el 6% de las iniciativas recientes (TEA) puede calificarse de born-global, con un rango de exportaciones que supera el 75%, lo que supone un incremento de casi cuatro puntos respecto a años anteriores.

Gráfico 4.9.1
EVOLUCIÓN DE LA ORIENTACIÓN INTERNACIONAL

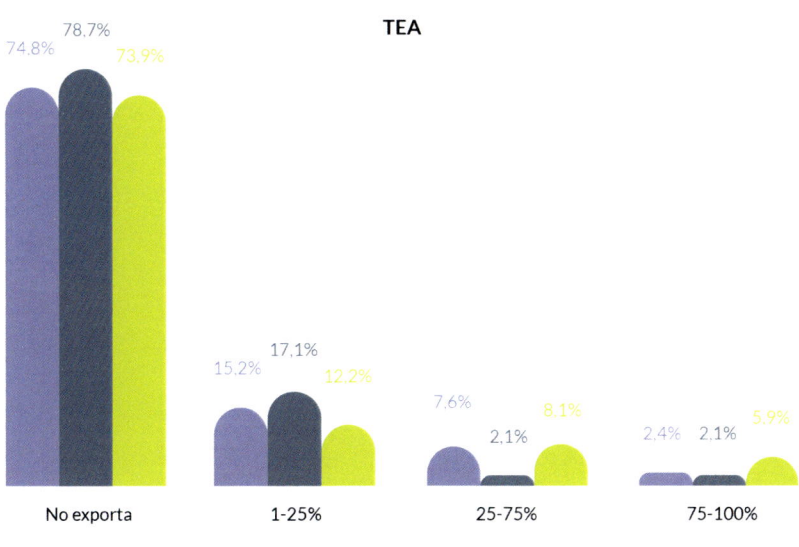

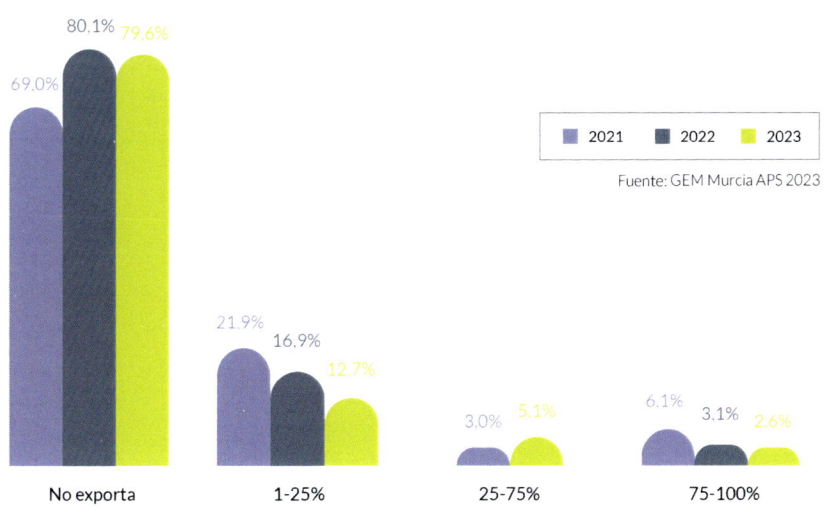

Fuente: GEM Murcia APS 2023

En la Región de Murcia se aprecian diferencias en la orientación internacional de los emprendedores en función del sexo. Los hombres lideran más iniciativas con orientación internacional tanto recientes como consolidadas siendo, además, las cifras regionales inferiores a las nacionales a lo largo de todo el proceso emprendedor.

En la Región de Murcia, son los emprendedores jóvenes los que lideran el proceso de internacionalización en empresas consolidadas. Siete de cada diez emprendedores con edades comprendidas entre 25 y 34 años lideran iniciativas consolidadas con orientación internacional. Este porcentaje disminuye conforme aumenta la edad de los emprendedores a cargo de iniciativas consolidadas.

Sin embargo, observamos la tendencia contraria entre las iniciativas recientes. El porcentaje de emprendedores que lidera iniciativas con orientación internacional aumenta conforme aumenta la edad de los emprendedores, llegando a su máximo en la franja de edad entre los 45 y los 54 años, donde seis de cada diez emprendedores exportan.

El nivel educativo condiciona la orientación internacional de las iniciativas emprendedoras, tanto consolidadas como recientes. Una de cada cuatro iniciativas recientes (TEA) lideradas por emprendedores con nivel universitario o superior, presentaron algún nivel de exportación. Entre las empresas consolidadas regionales, los datos muestran un incremento de cinco puntos en la orientación internacional de los emprendedores con un máster, alcanzando en 2023 el 25,2%.

En la Región de Murcia, son los emprendedores jóvenes los que lideran el proceso de internacionalización en empresas consolidadas

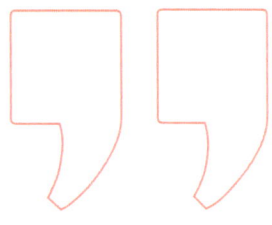

Gráfico 4.9.2
ORIENTACIÓN INTERNACIONAL POR SEXO

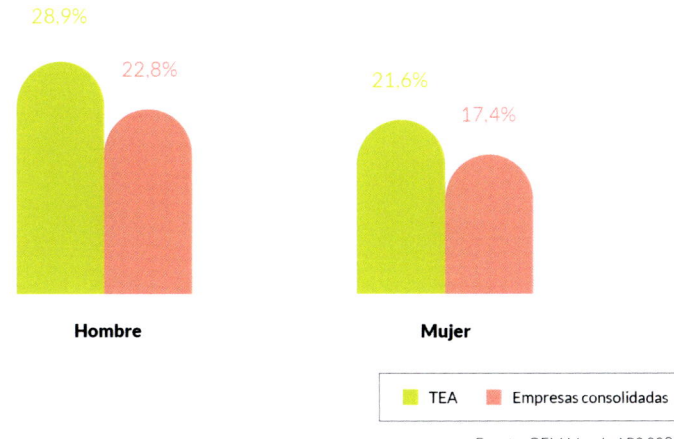

Fuente: GEM Murcia APS 2023

Gráfico 4.9.3
ORIENTACIÓN INTERNACIONAL POR EDAD

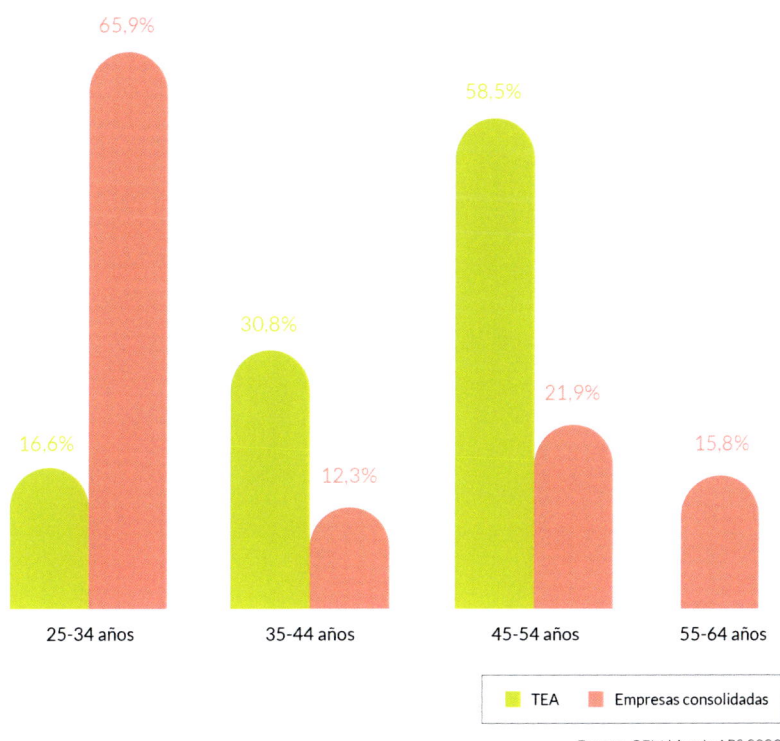

Fuente: GEM Murcia APS 2023

Gráfico 4.9.4
ORIENTACIÓN INTERNACIONAL POR NIVEL EDUCATIVO

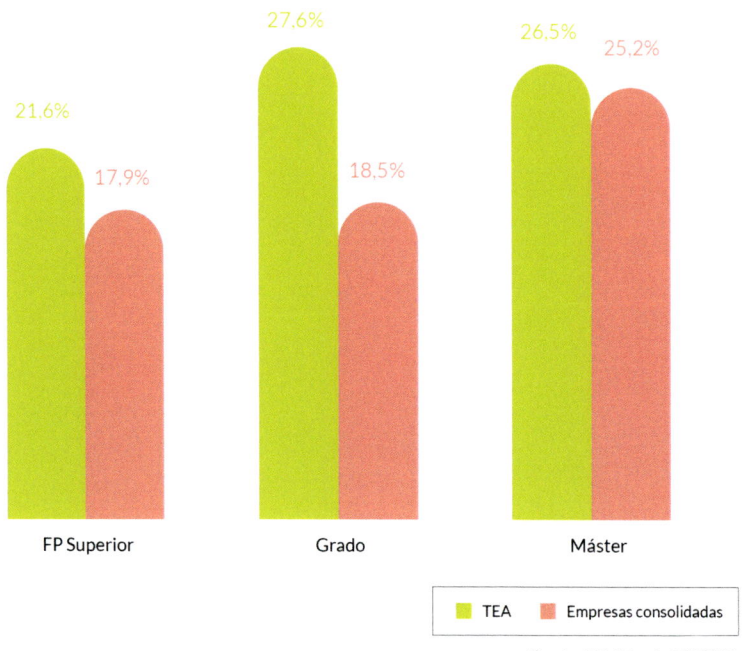

Fuente: GEM Murcia APS 2023

Siguiendo la estela de los datos nacionales, la orientación internacional de las iniciativas emprendedoras regionales recientes (TEA) sigue siendo mayor en el sector servicios que en el resto de los sectores. Un tercio de las iniciativas que surgen en este ámbito se orientan a mercados exteriores. Además, al igual que sucede a nivel nacional, en 2023 aumentan las iniciativas recientes con orientación internacional en el sector transformador hasta llegar al 25,2%. Sin embargo, no hay iniciativas emprendedoras ni recientes ni consolidadas que exporten en el sector extractivo.

En cuanto a las empresas consolidadas, su orientación internacional es mayor en el sector transformador, donde casi un tercio de las iniciativas exportan.

Al contrario que en el resto de España, en Murcia se observa que la orientación internacional es mayor en las iniciativas emprendedoras pequeñas, con hasta cinco empleados en el caso de las iniciativas recientes. En las empresas consolidadas, la orientación internacional es similar en todos los tamaños hasta 19 empleados.

Gráfico 4.9.5
ORIENTACIÓN INTERNACIONAL POR SECTOR

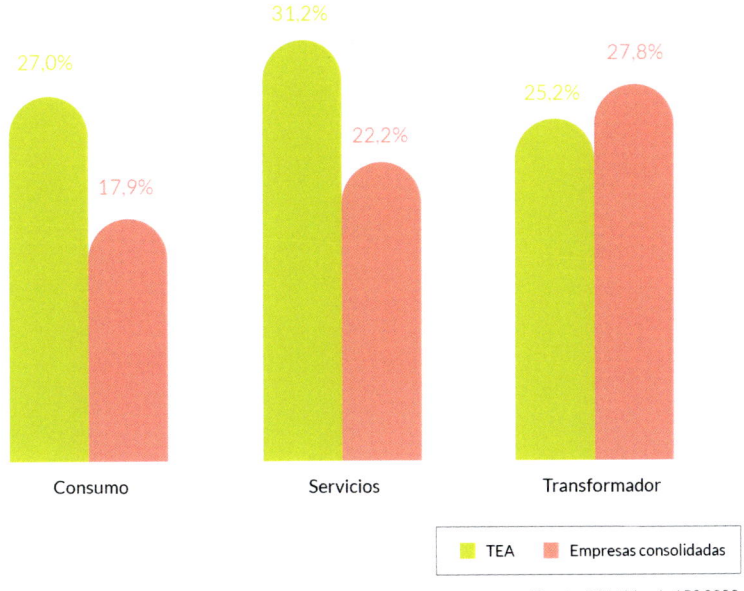

Fuente: GEM Murcia APS 2023

Las cifras de orientación internacional por tamaño son, además, inferiores a las nacionales. Las iniciativas murcianas sin empleados son las que tienen una mayor orientación internacional y, pese a ello, tan sólo exportan un tercio de las iniciativas recientes y un cuarto de las empresas consolidadas.

Por tanto, se puede concluir que la orientación internacional de los emprendedores en la Región de Murcia es similar a la nacional, con una ligera tendencia al alza en 2023. Uno de cada cuatro emprendedores recientes y uno de cada cinco de empresas consolidadas exporta, con un aumento en las iniciativas recientes clasificadas como "born-global" (con más del 75% de exportación), alcanzando el 6%. Los hombres y los jóvenes lideran la internacionalización, siendo los emprendedores de entre 25 y 34 años los más destacados en empresas consolidadas, mientras que, entre las iniciativas recientes, el porcentaje de internacionalización aumenta con la edad. La educación también influye: los emprendedores con estudios superiores muestran una mayor orientación internacional. Además, el sector servicios lidera la exportación, aunque en 2023 se observa un incremento en el sector transformador.

Gráfico 4.9.6
ORIENTACIÓN INTERNACIONAL POR TAMAÑO

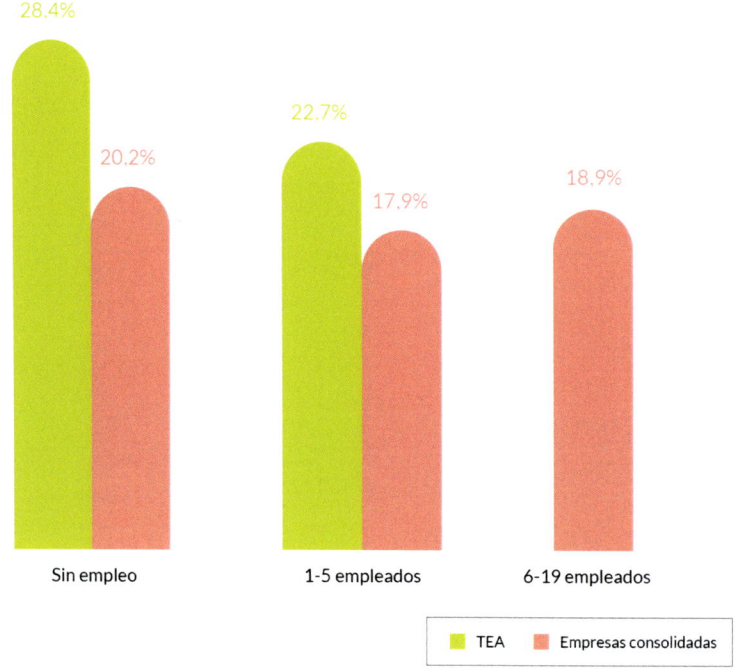

28.4%

22.7%

20.2%

18.9%

17.9%

Sin empleo   1-5 empleados   6-19 empleados

TEA   Empresas consolidadas

Fuente: GEM Murcia APS 2023

4.10 Orientación a la sostenibilidad

Aunque la región arroja cifras similares a las nacionales en cuanto a la orientación a la sostenibilidad de sus emprendedores, lo cierto es que, en relación con los datos regionales del año pasado, se observa un ligero descenso en la consideración del impacto social y medioambiental de las decisiones empresariales, así como en la puesta en práctica de medidas concretas. Al igual que en el territorio nacional, son los emprendedores recientes (TEA) los que manifiestan en mayor medida conocer los objetivos de desarrollo sostenible (ODS) establecidos en la Unión Europea, pero son los emprendedores a cargo de iniciativas consolidadas los que más consideran las implicaciones sociales y medioambientales en su estrategia empresarial e implantan medidas concretas para minimizar el impacto medioambiental.

Pese a mostrar cifras similares a las nacionales, cabe destacar que los emprendedores consolidados de la región priorizan más el impacto social y medioambiental de sus negocios (un 18% más) que en España.

Gráfico 4.10.1
ORIENTACIÓN A LA SOSTENIBILIDAD EN LAS INICIATIVAS EMPRENDEDORAS

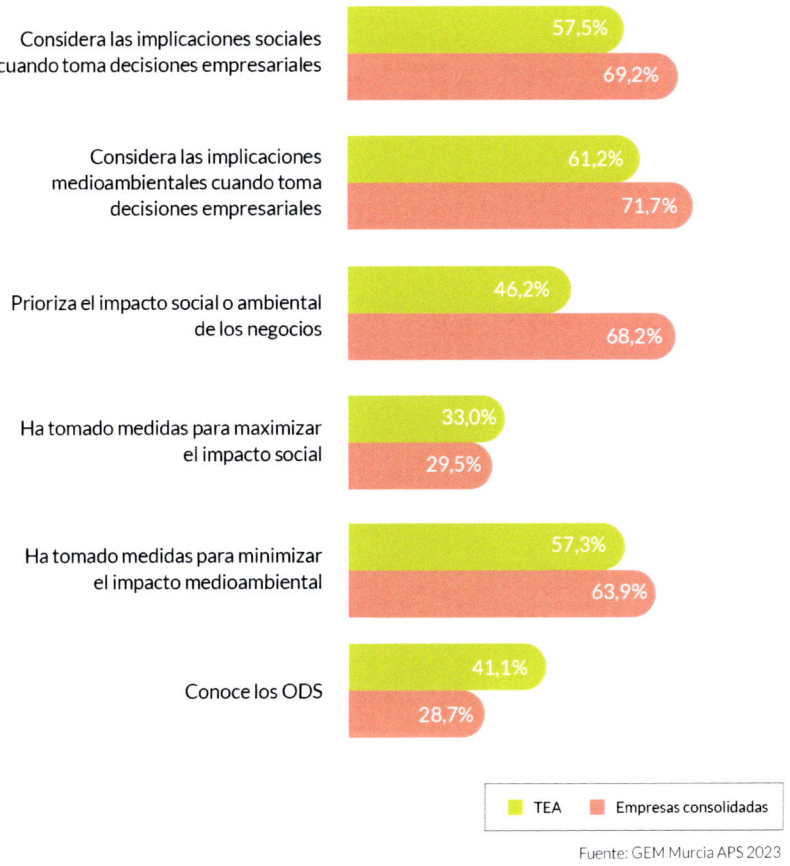

	TEA	Empresas consolidadas

Fuente: GEM Murcia APS 2023

Aunque la región arroja cifras similares a las nacionales en cuanto a la orientación a la sostenibilidad de sus emprendedores, lo cierto es que, en relación a los datos regionales del año pasado, se observa un ligero descenso en la consideración del impacto social y medioambiental de las decisiones empresariales, así como en la puesta en práctica de medidas concretas. Al igual que en el territorio nacional, son los emprendedores recientes (TEA) los que manifiestan en mayor medida conocer los objetivos de desarrollo sostenible (ODS) establecidos en la Unión Europea, pero son los emprendedores a cargo de iniciativas consolidadas los que más consideran las implicaciones sociales y medioambientales en su estrategia empresarial e implantan medidas concretas para minimizar el impacto medioambiental.

Pese a mostrar cifras similares a las nacionales, cabe destacar que los emprendedores consolidados de la región priorizan más el impacto social y medioambiental de sus negocios (un 18% más) que la media nacional.

En consonancia con los resultados nacionales, en 2023 aumenta la coherencia entre la orientación estratégica hacia la sostenibilidad de las iniciativas emprendedoras y su implantación efectiva a través de prácticas empresariales concretas de protección medioambiental, tanto entre los emprendedores recientes (TEA) como entre las iniciativas consolidadas.

En la Región de Murcia, a diferencia de España, se aprecian mayores diferencias en la orientación a la sostenibilidad entre sexos. Aunque las mujeres de la región manifiestan conocer los ODS en menor medida que los hombres, ellas continúan teniendo más en cuenta las consideraciones medioambientales al decidir sobre sus negocios, priorizando más el impacto social y medioambiental de los mismos, y tomando más medidas para minimizar su impacto medioambiental.

Gráfico 4.10.2
ORIENTACIÓN A LA SOSTENIBILIDAD POR SEXO

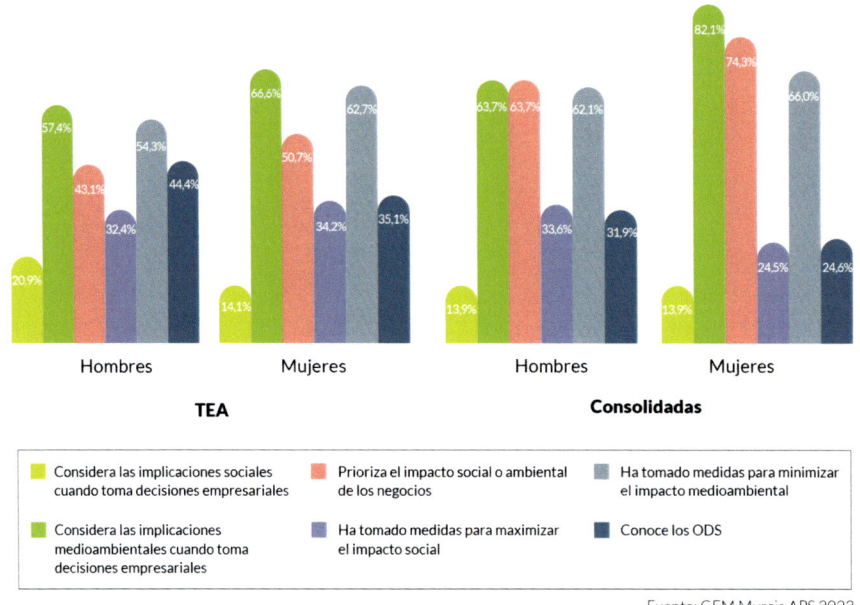

Fuente: GEM Murcia APS 2023

Gráfico 4.10.3
ORIENTACIÓN A LA SOSTENIBILIDAD POR EDAD

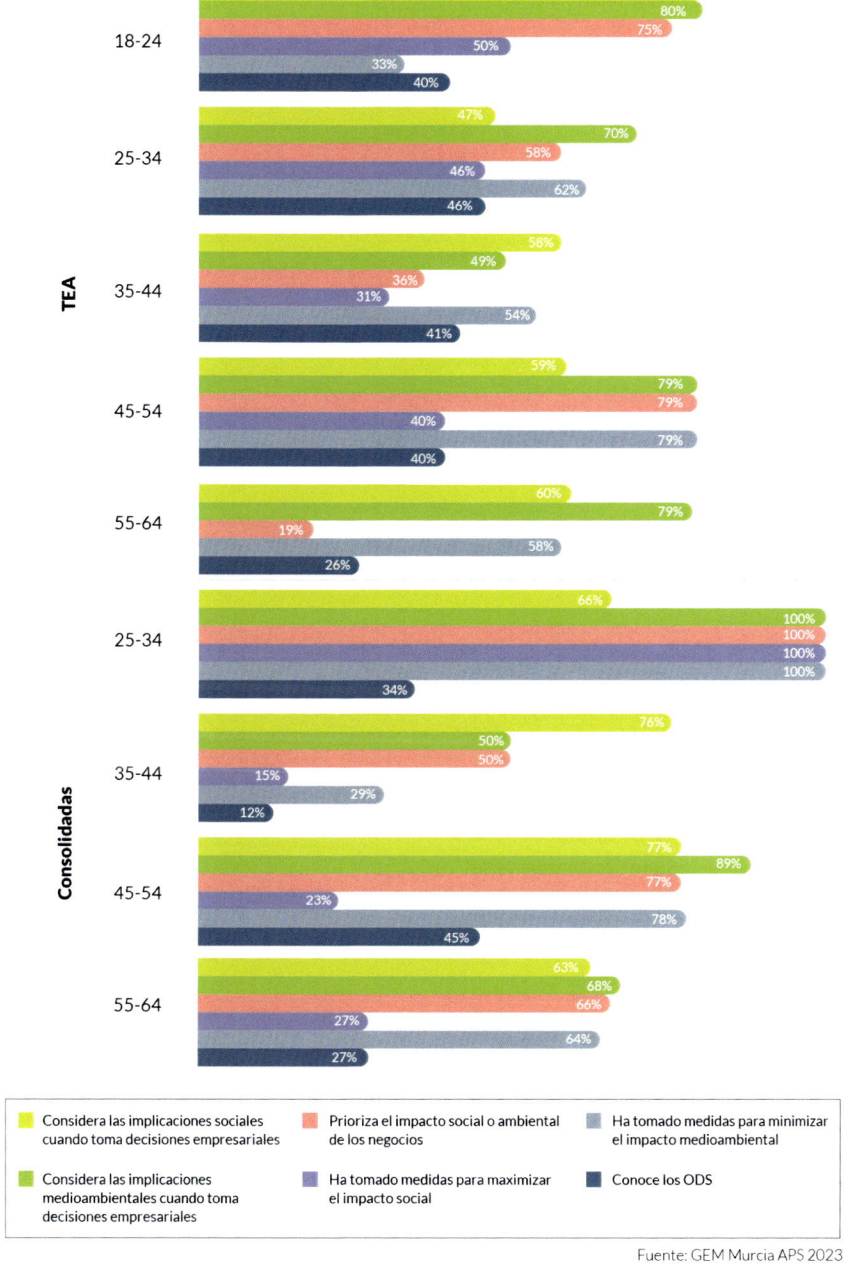

Leyenda:
- Considera las implicaciones sociales cuando toma decisiones empresariales
- Considera las implicaciones medioambientales cuando toma decisiones empresariales
- Prioriza el impacto social o ambiental de los negocios
- Ha tomado medidas para maximizar el impacto social
- Ha tomado medidas para minimizar el impacto medioambiental
- Conoce los ODS

Fuente: GEM Murcia APS 2023

Ocho de cada diez emprendedores recientes (TEA) murcianos con edades comprendidas entre los 18 y los 24 años consideran las implicaciones sociales y medioambientales de sus decisiones empresariales. Sin embargo, solo cinco de cada diez afirman haber tomado medidas concretas para minimizar el impacto medioambiental y solo tres de cada diez para maximizar el impacto social.

Entre los emprendedores murcianos con iniciativas consolidadas, destacan aquellos cuyas edades están comprendidas entre los 25 y los 34 años, dado que todos afirman priorizar el impacto social y medioambiental en sus negocios, y haber tomado medidas concretas en ambos sentidos.

Como ocurre en el resto de España, a mayor nivel educativo de los emprendedores, mayor conocimiento tienen de los ODS. Además, a medida que aumenta el nivel educativo de los emprendedores, también aumenta la puesta en prácticas de medidas favorables a la sostenibilidad social y medioambiental de las iniciativas emprendedoras.

Tal y como sucede a nivel nacional, los emprendedores murcianos a cargo de iniciativas del sector extractivo son los que más tienen en cuenta el impacto medioambiental y social de sus negocios, también a la hora de implantar medidas concretas. En Murcia todos los emprendedores del sector extractivo afirman haber tomado medidas para minimizar el impacto medioambiental de su actividad (frente a los siete de la media nacional), y cinco de cada diez las han tomado para maximizar su impacto social (frente a los cuatro del nacional).

Gráfico 4.10.4
ORIENTACIÓN A LA SOSTENIBILIDAD POR NIVEL EDUCATIVO

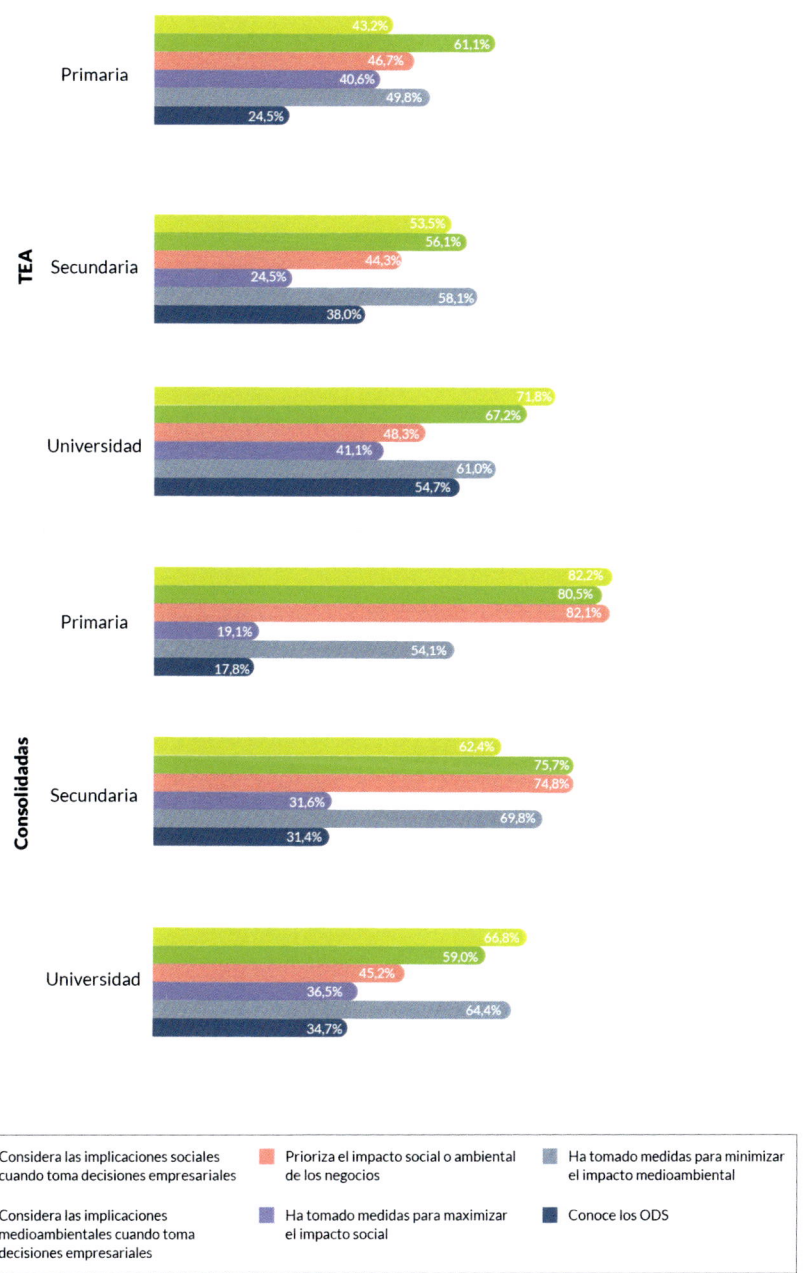

TEA

Primaria
- 43,2%
- 61,1%
- 46,7%
- 40,6%
- 49,8%
- 24,5%

Secundaria
- 53,5%
- 56,1%
- 44,3%
- 24,5%
- 58,1%
- 38,0%

Universidad
- 71,8%
- 67,2%
- 48,3%
- 41,1%
- 61,0%
- 54,7%

Consolidadas

Primaria
- 82,2%
- 80,5%
- 82,1%
- 19,1%
- 54,1%
- 17,8%

Secundaria
- 62,4%
- 75,7%
- 74,8%
- 31,6%
- 69,8%
- 31,4%

Universidad
- 66,8%
- 59,0%
- 45,2%
- 36,5%
- 64,4%
- 34,7%

Leyenda:
- Considera las implicaciones sociales cuando toma decisiones empresariales
- Considera las implicaciones medioambientales cuando toma decisiones empresariales
- Prioriza el impacto social o ambiental de los negocios
- Ha tomado medidas para maximizar el impacto social
- Ha tomado medidas para minimizar el impacto medioambiental
- Conoce los ODS

Fuente: GEM Murcia APS 2023

Gráfico 4.10.5
ORIENTACIÓN A LA SOSTENIBILIDAD POR SECTOR

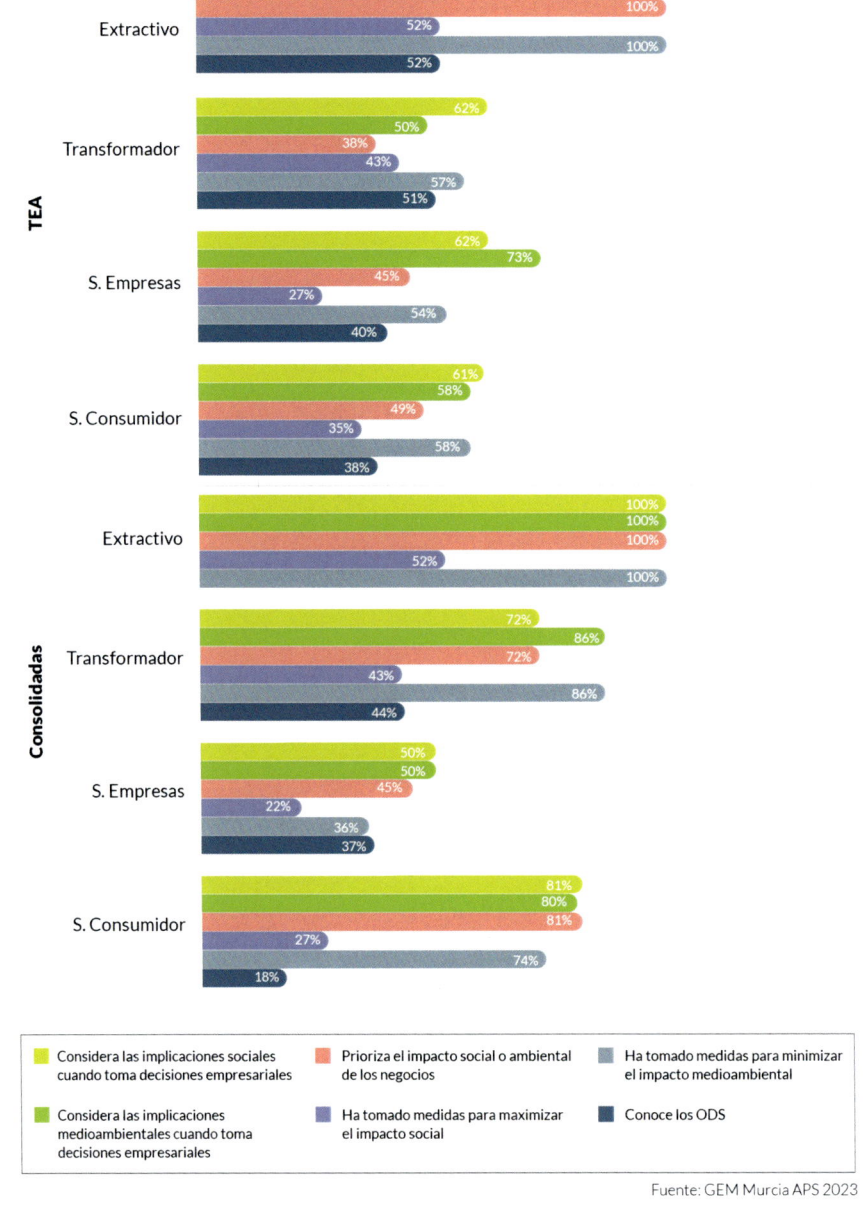

Fuente: GEM Murcia APS 2023

Gráfico 4.10.6
ORIENTACIÓN A LA SOSTENIBILIDAD POR TAMAÑO

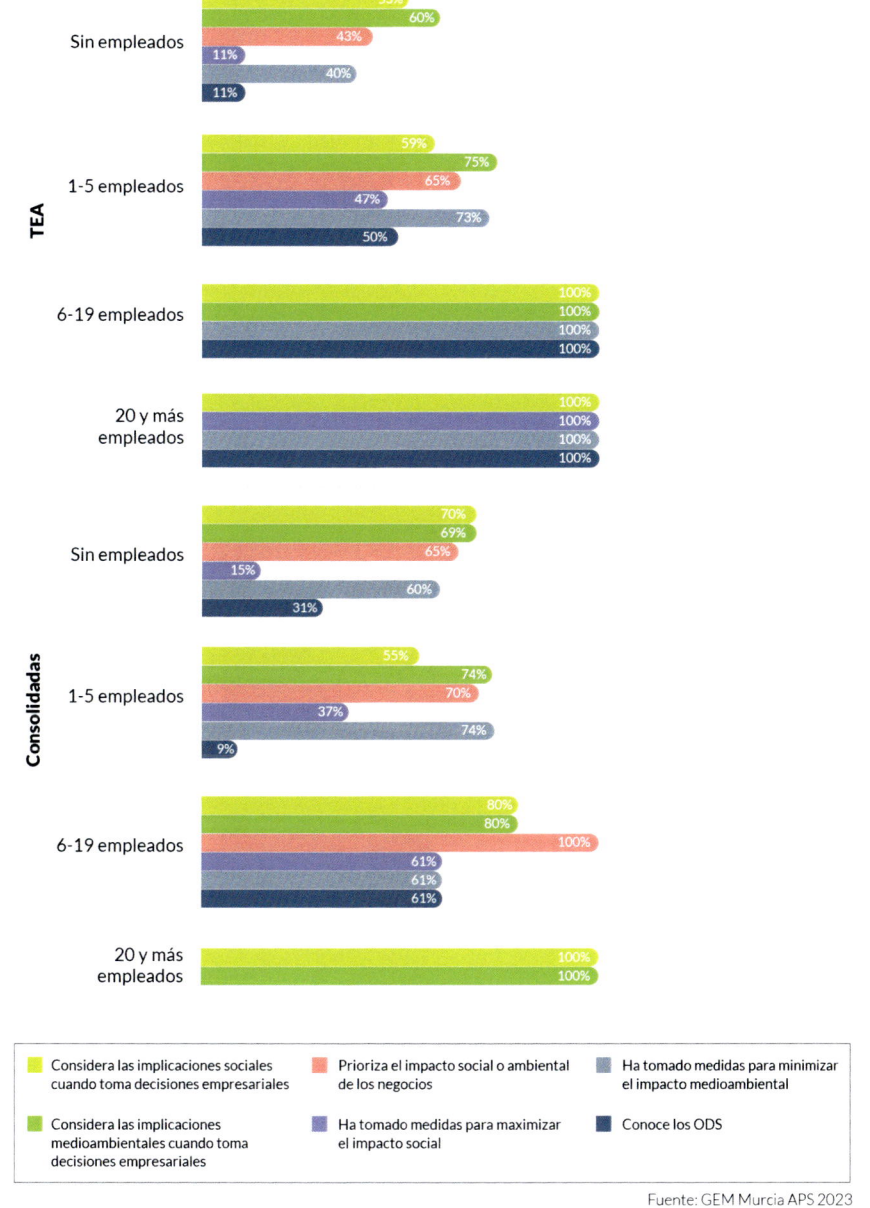

Fuente: GEM Murcia APS 2023

En Murcia, al igual que en el resto de España, el tamaño de las iniciativas emprendedoras está relacionado con una mayor estrategia e implantación de medidas de impacto social y medioambiental, una mayor orientación de los emprendedores hacia la sostenibilidad, y mayor exigencia del marco legal hacia las organizaciones que cuentan con un mayor número de empleados.

A modo de conclusión, respecto a la sostenibilidad, los emprendedores murcianos muestran una tendencia similar a la nacional, aunque con un ligero descenso respecto a 2022 en la consideración del impacto social y medioambiental. Son los emprendedores a cargo de empresas consolidadas quienes aplican más medidas concretas para minimizar su impacto ambiental. Destaca que, en Murcia, los emprendedores consolidados priorizan más el impacto social y medioambiental que la media nacional. En cuanto a diferencias de género, las mujeres toman más medidas sostenibles, aunque declaran conocer menos los ODS que los hombres. Los emprendedores jóvenes tienden a considerar más las implicaciones sociales y medioambientales, pero son menos efectivos en la implementación de medidas concretas.

En la Región de Murcia, los emprendedores consolidados priorizan más el impacto social y medioambiental que la media nacional

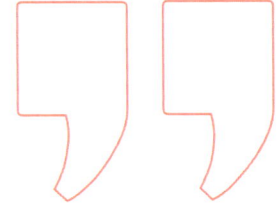

B

GLOSARIO

Glosario

TEA

(Total Early Stage Entrepreneurial Activity) o tasa de emprendedores con empresas en fase inicial o recientes (nacientes y nuevas) se calcula como el porcentaje de la población adulta (entre 18 y 64 años) en cada país/región/ciudad, propietarios o copropietarios fundadores de empresas de nueva creación que hayan persistido en el mercado por un periodo comprendido entre los 0 y 42 meses (3,5 años). Este indicador aglutina a los dos conceptos anteriores, por lo que, para realizar su cálculo definitivo, se eliminan las duplicaciones que puedan producirse en cuanto a aquellas personas adultas que estén implicadas al mismo tiempo en las dos tipologías de empresa (Naciente y Nueva).

TEA nacientes o tasa de personas emprendedoras con empresas nacientes

Se calcula como el porcentaje de la población adulta (entre 18 y 64 años) en cada país/región, propietarios o copropietarios fundadores de empresas de nueva creación con una vida inferior a los 3 meses, es decir, cuyo periodo de pago de salarios no exceda los 3 meses.

TEA nuevas o tasa de personas emprendedoras con empresas nuevas

Representa el porcentaje de la población adulta (entre 18 y 64 años) en cada país/región/ciudad, propietarios o copropietarios fundadores de aquellas empresas cuya actividad emprendedora haya supuesto el pago de salarios por un periodo entre 3 y 42 meses.

Tasa de empresarios con empresas consolidadas

Representa el porcentaje de la población adulta (entre 18 y 64 años) en cada país/región/ciudad, fundadores de empresas cuya actividad haya supuesto el pago de salarios por un periodo superior a los 42 meses.

Variable abandonos de empresa

Refleja el porcentaje de población adulta (entre 18 y 64 años) en cada país/región/ciudad que declararon haber cerrado o traspasado un negocio en los últimos 12 meses.

Inversores informales

Se consideran aquellas personas que han invertido en otros negocios en los últimos 3 años, siendo ajenas a estos negocios y sin valerse de un mecanismo contractual o institucional (se excluyen las inversiones en bolsa, fondos de inversión...)

NECI

Conjunto de indicadores del contexto de emprendimiento nacional.

C

BENCHMARKING

Benchmarking

Tabla 1

**POSICIONAMIENTO DE ESPAÑA A NIVEL INTERNACIONAL
EN FUNCIÓN DE LA PERCEPCIÓN DE OPORTUNIDADES Y
CONOCIMIENTOS Y HABILIDADES PARA EMPRENDER**

Actitudes

GRUPO A	Percepción de oportunidades	Conocimientos y habilidades	Miedo al fracaso como obstáculo para...	Modelos de referencia	Emprender como una buena opción profesional	Emprender brinda un estatus social y...	Medios de comunicación y ...	Facilidad de iniciar un negocio
Canadá	63	57	55	52	64	51	78	54
Francia	51	50	50	61	50	96	95	94
Alemania	41	42	43	37	36	70	80	77
Italia	34	51	52	46	18	82	90	78
Luxemburgo	49	50	49	46	60	57	90	70
Países Bajos	67	46	41	60	80	67	86	83
Noruega	68	55	42	49	77	79	79	81
Catar	69	68	40	53	62	65	52	75
Arabia Saudí	93	01	58	8	92	67	64	58
Eslovenia	50	63	47	55	63	0	0	0
Corea del Sur	38	55	35	38	39	57	85	69
Suecia	69	47	43	52	80	0	0	0
Suiza	52	45	48	54	67	67	84	78
Reino Unido	47	53	61	53	63	61	77	79
Estados Unidos	54	49	48	44	56	38	75	62
Media Grupo A	**56**	**55**	**47**	**53**	**61**	**57**	**69**	**64**
MEDIA UE	49	52	49	52	52	59	67	61

Actitudes

GRUPO B	Percepción de oportunidades	Conocimientos y habilidades	Miedo al fracaso como obstáculo para...	Modelos de referencia	Emprender como una buena opción profesional	Emprender brinda un estatus social y...	Medios de comunicación y ...	Facilidad de iniciar un negocio
Chile	59	76	46	73	50	71	66	69
Croacia	64	74	48	72	41	77	72	69
Chipre	40	61	57	67	50	63	57	67
Estonia	49	47	50	44	77	44	60	51
Grecia	45	54	60	33	35	44	53	46
Hungría	28	38	42	51	46	56	71	62
Israel	47	37	52	68	16	73	70	58
Letonia	43	52	42	44	33	64	66	66
Lituania	61	57	38	70	42	64	87	52
Omán	69	73	33	60	57	54	61	58
Panamá	52	77	39	49	54	79	65	73
Polonia	74	48	56	46	83	78	84	85
Puerto Rico	63	71	42	68	28	68	71	72
Rumanía	56	53	59	46	36	43	63	38
Eslovaquia	33	51	48	60	24	72	62	80
España	31	53	49	48	30	77	80	67
Uruguay	58	70	54	60	40	64	84	67
Media Grupo B	**51**	**58**	**48**	**56**	**44**	**64**	**68**	**64**

Actitudes

GRUPO C	Percepción de oportunidades	Conocimientos y habilidades	Miedo al fracaso como obstáculo para...	Modelos de referencia	Emprender como una buena opción profesional	Emprender brinda un estatus social y...	Medios de comunicación y ...	Facilidad de iniciar un negocio
Brasil	65	66	49	71	43	0	0	0
China	69	56	66	56	31	80	90	86
Colombia	60	72	38	72	46	56	53	65
Ecuador	54	75	38	66	46	57	54	63
Guatemala	72	79	42	73	48	94	80	57
India	83	82	57	57	81	88	91	86
Irán	27	61	45	54	14	48	86	43
Jordania	48	73	54	57	37	78	86	81
México	62	69	42	55	50	83	82	80
Marruecos	71	68	34	46	51	65	64	66
Sudáfrica	64	69	52	39	62	78	86	84
Tailandia	79	76	48	22	78	91	90	93
Venezuela	66	84	32	62	46	0	0	0
Media Grupo C	**63**	**72**	**46**	**56**	**49**	**63**	**66**	**62**

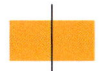

Tabla 2
PORCENTAJE DE EMPRENDEDORES POTENCIALES, RECIENTES (TEA), EMPRESAS CONSOLIDADAS, ABANDONOS, CIERRES Y CONTINUACIÓN DE LA ACTIVIDAD EMPRESARIAL EN 2023. COMPARACIÓN INTERNACIONAL

GRUPO A	Emprendedor Potencial	TEA	Empresas Consolidadas	Cierres	Continúa	Abandono Empresarial
Media Grupo A	**21,2**	**12,0**	**7,6**	**3,2**	**1,8**	**5,0**
Canadá	24,1	19,8	7,8	5,5	4,7	10,2
Francia	17,2	10,8	4,6	2,3	1,2	3,6
Alemania	11,7	7,7	4,1	1,4	1,3	2,7
Italia	14,0	8,3	7,8	1,8	0,8	2,7
Luxemburgo	18,9	9,7	4,2	3,1	1,3	4,4
Países Bajos	20,9	13,7	6,9	4,5	1,8	6,3
Noruega	10,9	6,9	7,6	2,0	1,2	3,2
Catar	46,8	14,3	4,4	7,5	2,1	9,6
Arabia Saudí	41,8	25,3	13,6	3,6	4,8	8,4
Eslovenia	18,0	7,1	8,8	2,3	1,2	3,5
Corea del Sur	34,3	10,2	19,7	1,9	0,6	2,5
Suecia	13,2	9,3	5,5	3,3	1,0	4,3
Suiza	15,0	10,3	5,8	2,1	1,4	3,5
Reino Unido	13,9	11,8	6,3	2,3	0,8	3,2
Estados Unidos	17,9	14,7	6,7	4,1	2,3	6,4
MEDIA UE	15,6	9,3	7,6	2,4	1,1	3,4

Análisis del emprendimiento en la Región de Murcia: Oportunidades y Desafíos

GRUPO B	Emprendedor Potencial	TEA	Empresas Consolidadas	Cierres	Continúa	Abandono Empresarial
Media Grupo B	25,9	13,6	7,4	3,6	1,3	4,9
Chile	53,9	31,1	5,3	7,6	2,8	10,4
Croacia	28,0	13,2	5,2	2,6	1,5	4,1
Chipre	23,4	11,0	8,2	1,9	0,6	2,5
Estonia	18,3	13,1	7,9	3,1	0,9	4,0
Grecia	10,6	6,7	14,7	1,7	0,5	2,1
Hungría	10,8	9,9	7,4	3,1	0,4	3,5
Israel	18,5	8,7	3,5	2,9	0,7	3,7
Letonia	24,4	14,3	10,7	2,5	1,2	3,7
Lituania	12,0	6,7	14,6	1,2	1,7	2,9
Omán	66,4	10,6	3,2	10,6	2,4	13,0
Panamá	53,8	31,3	5,1	7,0	2,9	9,9
Polonia	3,5	2,6	11,6	2,5	0,9	3,4
Puerto Rico	37,2	22,3	6,0	3,1	1,5	4,7
Rumanía	9,0	5,9	5,1	1,3	0,1	1,4
Eslovaquia	15,4	10,8	4,0	2,1	1,0	3,1
España	11,2	6,8	6,7	2,2	1,0	3,2
Uruguay	43,8	26,2	7,3	5,5	2,4	7,9

GRUPO C	Emprendedor Potencial	TEA	Empresas Consolidadas	Cierres	Continúa	Abandono Empresarial
Media Grupo C	34,2	17,8	9,1	5,8	1,9	7,7
Brasil	49,6	18,6	11,9	8,0	3,5	11,4
China	9,0	6,8	4,2	2,6	1,1	3,7
Colombia	24,5	23,6	3,4	3,3	1,5	4,8
Ecuador	55,8	32,7	24,0	8,1	1,7	9,8
Guatemala	46,4	32,4	13,2	6,0	1,9	8,0
India	23,7	12,0	12,4	2,4	2,0	4,4
Irán	17,8	9,8	9,8	4,5	0,8	5,2
Jordania	49,3	15,7	7,2	8,4	2,2	10,6
México	33,2	16,8	3,2	8,4	3,2	11,6
Marruecos	23,9	6,3	6,8	4,7	0,6	5,2
Sudáfrica	14,6	11,1	5,9	5,0	2,2	7,2
Tailandia	40,2	23,6	11,8	4,1	2,7	6,8
Venezuela	56,1	22,7	4,5	9,9	1,7	11,6

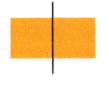

Tabla 3

PORCENTAJE DE EMPRENDEDORES RECIENTES (TEA) EN FUNCIÓN DEL SECTOR, TAMAÑO Y NIVEL TECNOLÓGICO. COMPARACIÓN INTERNACIONAL

GRUPO A	DISTRIBUCIÓN SECTORIAL				EXPECTATIVAS		ORIENTACIÓN INNOVADORA
	Extractivo	Transforma-dor	Servicios a empresas	Servicios al consumidor	(+) de 19 empleados en los próximos 5 años	Más del 25% de clientes en el extranjero	Nivel tecnológico medio-alto
Media Grupo A	4	15	26	54	2	18	8
Canadá	2	16	30	53	4	21	6
Francia	3	17	33	47	1	17	9
Alemania	4	9	32	55	1	24	12
Italia	7	13	28	51	0	10	10
Luxemburgo	4	13	29	54	1	40	7
Países Bajos	3	21	24	53	1	18	7
Noruega	9	17	34	40	1	15	11
Catar	1	21	29	59	6	12	4
Arabia Saudí	0	9	4	86	3	5	0
Eslovenia	6	19	31	44	0	26	14
Corea del Sur	2	25	16	57	0	2	11
Suecia	7	11	31	51	1	20	7
Suiza	4	12	43	41	1	19	7
Reino Unido	1	13	28	59	1	19	5
Estados Unidos	4	17	17	62	3	18	6
MEDIA UE	5	19	28	48	1	18	8

Análisis del emprendimiento en la Región de Murcia: Oportunidades y Desafíos

GRUPO B	DISTRIBUCIÓN SECTORIAL				EXPECTATIVAS		ORIENTACIÓN INNOVADORA
	Extractivo	Transformador	Servicios a empresas	Servicios al consumidor	(+) de 19 empleados en los próximos 5 años	Más del 25% de clientes en el extranjero	Nivel tecnológico medio-alto
Media Grupo B	5	21	23	51	1	13	7
Chile	3	21	16	60	3	3	7
Croacia	8	22	33	36	1	24	10
Chipre	6	15	25	54	1	22	7
Estonia	6	27	23	44	1	30	8
Grecia	6	19	23	52	1	20	8
Hungría	5	28	25	41	1	9	9
Israel	0	8	36	56	1	14	8
Letonia	4	25	22	49	2	25	11
Lituania	4	22	30	44	0	5	6
Omán	1	29	8	62	1	5	1
Panamá	6	17	11	65	2	5	4
Polonia	3	21	22	54	0	2	5
Puerto Rico	1	19	21	59	3	10	5
Rumanía	9	26	14	51	0	7	3
Eslovaquia	6	25	31	38	1	10	7
España	3	15	34	48	0	18	10
Uruguay	10	25	9	57	2	3	3

GRUPO C	Extractivo	Transformador	Servicios a empresas	Servicios al consumidor	(+) de 19 empleados en los próximos 5 años	Más del 25% de clientes en el extranjero	Nivel tecnológico medio-alto
Media Grupo C	4	20	7	69	1	4	2
Brasil	4	21	17	58	3	2	6
China	3	14	9	74	1	4	2
Colombia	2	15	4	79	2	2	1
Ecuador	8	14	4	75	1	1	1
Guatemala	4	13	4	79	2	1	1
India	5	18	2	75	0	1	0
Irán	4	24	22	49	1	2	8
Jordania	3	20	7	69	1	6	1
México	0	41	8	51	2	4	2
Marruecos	7	18	4	79	0	2	2
Sudáfrica	1	21	4	74	2	13	0
Tailandia	6	20	4	70	3	8	2
Venezuela	5	22	4	69	1	3	2

D

RELACIÓN DE EQUIPOS GEM EN ESPAÑA

Relación de equipos GEM en España

Unidad	Institución
Nacional	Observatorio del Emprendimiento de España ENISA

Miembros

Ana Fernández-Laviada *(Presidenta del Observatorio, Directora ejecutiva GEM España)*
Nuria Calvo Babío *(Directora Técnica GEM España)*
Paula San Martín Espina *(Secretaria del Observatorio)*
Ariadna Monje Amor y Yago Atrio Lema *(Equipo Dirección Técnica GEM España)*
María del Mar Fuentes Fuentes, Ignacio Mira Solves y María Saiz *(Comité de dirección del Observatorio)*
Sebastián Pérez Vides *(Director de Comunicación GEM España)*

Colaboradores

Observatorio del Emprendimiento de España
ENISA
Observatorio Mapfre de Finanzas Sostenibles
Secretaría de Estado de Digitalización e Inteligencia Artificial

Unidad	Institución
Andalucía	Observatorio del Ecosistema Emprendedor de Andalucía

Miembros

María Jesús Hernández Ortiz *(Presidenta)*
María del Mar Fuentes Fuentes *(Vicepresidenta)*
Alfonso M. Márquez García *(Secretario)*
Francisco Liñán *(Director Técnico)*
José Ruiz Navarro
Carmen Cabello Medina
Carmen Camelo Ordaz
Carlos J. Cano Guillén
Mercedes Pérez Millán
José Manuel Sánchez Vázquez
Nuria Toledano Garrido
Rafael Ventura Fernández

Colaboradores

Fundación Fulgencio Meseguer

Unidad	Institución
Almería	Universidad de Almería

Miembros

Carlos Jesús Cano Guillén *(Coordinador)*
Juan García García
José Céspedes Lorente
Miguel Pérez Valls

Colaboradores

Universidad de Almería
Diputación de Almería

Unidad	Institución
Cádiz	Universidad de Cádiz

Miembros

José Manuel Sánchez Vázquez *(Coordinador)*
Carmen Camelo Ordaz *(Coordinadora)*

Juan Pablo Diánez González
Julio Segundo Gallardo
Noelia Franco Leal
Jaime Guerrero Villegas
María del Mar Bornay Barrachina

Colaboradores

Universidad de Almería
Diputación de Almería

Unidad	Institución
Córdoba	Universidad Loyola Andalucía

Miembros

Mercedes Pérez Millán *(Coordinadora)*
Emilio Morales Fernández *(Coordinador)*
Esteban Almirón Navarro
Joaquín García-Tapial Arregui

Colaboradores

Universidad Loyola Andalucía

Unidad	Institución
Granada	Universidad de Granada

Miembros

María del Mar Fuentes Fuentes *(Coordinadora)*
Ana María Bojica
Francisco Javier Melero Rus
Jenny María Ruiz Jiménez
Matilde Ruiz Arroyo

Colaboradores

Universidad de Granada

Unidad	Institución
Huelva	Universidad de Huelva

Miembros

Nuria Toledano Garrido *(Coordinadora)*
Francisco Linan Alcalde *(Coordinador)*

Elena Carbajal Trujillo
Francisco J. Barba Ramos
Ana M. Domínguez Quintero
Inmaculada Jaén Figueroa
Colaboradores

Cátedra de la Provincia
Diputación de Huelva
Universidad de Huelva

Unidad	Institución
Jaén	Universidad de Jaén

Miembros

María Jesús Hernández Ortiz *(Coordinadora)*
Raquel Barreda Tarrazona
Lucas Antonio Cañas Lozano
Domingo Fernández Uclés
Elia García Marti
José García Vico
María Gutiérrez Salcedo
María de la Paz Horno Bueno
Alfonso M. Márquez García
Ana Belén Mudarra Fernández
Manuel Carlos Vallejo Martos
Julio Vena Oya
Colaboradores

Universidad de Jaén
Diputación Provincial de Jaén
Cátedra Universitaria de Emprendimiento Fulgencio Meseguer

Unidad	Institución
Málaga	Universidad de Málaga

Miembros

Rafael Ventura Fernández *(Coordinador)*
Sofía Louise Martínez
Colaboradores

Universidad de Málaga
Ayuntamiento de Málaga

Cátedra de Emprendimiento Sostenible
Promalaga

Unidad	Institución
Sevilla	Universidad Pablo de Olavide Universidad de Sevilla

Miembros

Carmen Cabello Medina *(Coordinadora)*
Francisco Liñán *(Coordinador)*
Antonio Carmona Lavado
Aida del Cubo Molina
José Fernández Serrano
Juan Alberto Hueso Arrabal
Inmaculada Jaén Figueroa
Juan A. Martínez Román
Ana Pérez Luño
Elena Sousa Ginel

Colaboradores

Universidad Pablo de Olavide INNLAB
INNLAB
Universidad de Sevilla
E&I (Gr. Investigación)
Prodetur (Diputación de Sevilla)

Unidad	Institución
Aragón	Universidad de Zaragoza

Miembros

Lucio Fuentelsaz Lamata *(Co-Director GEM-Aragón)*
Consuelo González Gil *(Co-Directora GEM-Aragón)*
Elisabet Garrido Martínez
Jaime Gómez Villascuerna
Minerva González Velasco
Juan Pablo Maícas López
Javier Montero Villacampa
Raquel Ortega Lapiedra
Sergio Palomas Doña

Colaboradores

Fundación Aragón Emprende

Cátedra Emprender
Departamento de Industria, Competitividad y Desarrollo
Empresarial del Gobierno de Aragón

Unidad	Institución
Asturias	Universidad de Oviedo

Miembros

Manuel González Díaz *(Director GEM-Asturias)*
Vanesa Solís Rodríguez *(Directora Técnica GEM-Asturias)*
Marta Fernández Barcala
Susana López Bayón
Irene Martínez López

Colaboradores

Cátedra de Emprendimiento Caja Rural de Asturias - Universidad
de Oviedo

Unidad	Institución
Baleares	Universidad de las Islas Baleares

Miembros

Julio Batle Lorente *(Director GEM-Baleares)*
María Sard Bauzá *(Directora Técnica GEM-Baleares)*
Bartolomé Deyá Tortella
César Llorente López

Colaboradores

Institut d'Innovació Empresarial-Govern Balear
Conselleria Transició Energética i Sectors Productius
Laboratori 'Emprendedoria i Innovación Social. Universitat
de les Illes Balears

Unidad	Institución
Canarias	Universidad de Las Palmas de Gran Canaria
	Universidad de La Laguna

Miembros

Rosa M. Batista Canino *(Directora GEM-Canarias)*
Silvia Sosa Cabrera *(Directora Técnica GEM-Canarias)*
Alicia Bolivar Cruz
Alicia Correa Rodríguez

Ana L. González Pérez
Carmen Inés Ruiz de la Rosa
Desiderio García Almeida
Desiderio Gutiérrez Taño
Domingo Verano Tacoronte
Francisco J. García Rodríguez
Esperanza Gil Soto
Pino Medina Brito
Ana Isabel Lemes Hernández
Lidia E. Santana Vega

Colaboradores

Gobierno de Canarias - Consejería de Turismo y Empleo
Universidad de Las Palmas de Gran Canaria
Universidad de La Laguna

Unidad	Institución
Cantabria	Santander Financial Institute (SANFI)

Miembros

Ana Fernández-Laviada *(Directora Ejecutiva GEM- Cantabria)*
Paula San Martín Espina *(Directora Técnica GEM-Cantabria)*
Carlos López Gutiérrez
Andrea Pérez Ruiz
Lidia Sánchez Ruiz
Sergio Sanfilippo Azofra
Francisco Manuel Somohano Rodríguez

Colaboradores

Catedra PYME
Gobierno de Cantabria - Consejería de Industria, empleo, innovación y comercio
EMCAN - Servicio Cántabro de Empleo

Unidad	Institución
Cataluña	Institut d'Estudis Regionals i Metropolitans de Barcelona Universitat Autònoma de Barcelona

Miembros

Carlos Guallarte *(Director GEM-Cataluña)*
Enric Genescà Garrigosa
Joan Luis Capelleras Segura
Marc Figuls Sierra
Teresa Obis Artal

Colaboradores

Universitat Autônoma de Barcelona
Diputació de Barcelona. Àrea de Desenvolupament Econòmic, Turisme i Comerc
Generalitat de Catalunya
Departament d'Empresa i Treball
Institut d'Estudis Regionals i Metropolitans de Barcelona

Unidad	Institución
Castilla-La Mancha	Universidad de Castilla-La Mancha

Miembros

Juan J. Jiménez Moreno *(Co-Director GEM-Castilla-La Mancha)*
Angela González Moreno *(Co-Directora GEM-Castilla-La Mancha)*
Francisco José Sáez Martínez *(Director Técnico GEM- Castilla-La Mancha)*
Rafael Minami Suzuki
Llanos López Muñoz
Adrián Rabadán Guerra
M.a Cristina Díaz García

Colaboradores

Universidad de Castilla-La Mancha
Junta de Comunidades de Castilla - La Mancha
Fundación Globalcaja HXXII

Unidad	Institución
Castilla y León	Grupo de Investigación en Dirección de Empresas (GIDE), Universidad de León INEA, Universidad Pontificia de Comillas

Miembros

Daniel Alonso Martínez *(Director GEM-Castilla y León)*
Constantino García Ramos *(Director Técnico GEM-Castilla y León)*
Nuria González Álvarez
José Luis de Godos Diez
Luis Gregorio Holguín Galarón
Alberto Matellán Pinilla
Félix Revilla Grande
Carlos Ballesteros García
Laura Sierra Moral

Colaboradores

Universidad de León
Universidad Pontificia de Comillas

Unidad	Institución
Ceuta	Universidad de Granada

Miembros

Gabriel García-Parada Arias *(Director GEM-Ceuta)*
María José González López *(Directora Técnica GEM-Ceuta)*
José Aguado Romero
Lázaro Rodríguez Ariza
Manuel Hernández Peinado
Sara Rodríguez Gómez
Francisco Javier Blanco Encomienda

Colaboradores

Universidad de Granada
PROCESA: Sociedad Privada Municipal para el Fomento y
Promoción del Desarrollo Socioeconómico de Ceuta S.A.

Unidad	Institución
Comunidad de Madrid	Universidad Autónoma de Madrid

Miembros

Miguel Angoitia Grijalba *(Co-Director GEM-Madrid)*
Yolanda Bueno Hernández *(Co-Directora GEM-Madrid)*
Begoña Santos Urda
Adriana Pérez Encinas
Rubén Mora Ruano
Hermógenes del Real Alvarez
Isidro de Pablo López

Colaboradores

Universidad Autónoma de Madrid
Impact Hub

Unidad	Institución
Comunidad Valenciana	Universidad Miguel Hernández de Elche

Miembros

José María Gómez Gras *(Director GEM-C. Valenciana)*
Ignacio Mira Solves *(Director Técnico GEM-C. Valenciana)*
Jesús Martínez Mateo
Marina Estrada de la Cruz
Antonio J. Verdú Jover
M.a José Alarcón García
Lirios Alós Simó
Domingo Galiana Lapera
M.º Isabel Borreguero Guerra

Colaboradores

Universidad Miguel Hernández de Elche
Aligrupo
Seur

Unidad	Institución
Extremadura	Fundación Xavier de Salas – Universidad de Extremadura

Miembros

Antonio Fernández Portillo *(Director Ejecutivo GEM- Extremadura)*
Mari Cruz Sánchez Escobedo *(Directora Técnica GEM-Extremadura)*
Ricardo Hernández Mogollón *(Asesor Senior)*
María Victoria Postigo Jiménez
Alejandro Hernández Renner
María Calzado Barbero
Manuel Almodóvar González
Nuria Ramos Vecino
Adelaida Ramos Mariño
Angel Manuel Díaz Aunión

Colaboradores

Fundación Xavier de Salas
Universidad de Extremadura
Junta de Extremadura. Consejería de Economía, Empleo y Transformación Digital
Diputación de Badajoz
Cámara de Comercio de Cáceres
Philip Morris Spain, S.L.

Campón & Martínez-Pereda
CC. NN. Almaraz-Trillo
Tambo Supermercados
Grupo Ros MultimediaTambo
Tany Nature

Unidad	Institución
Galicia	Universidade de Santiago de Compostela (USC)

Miembros

Loreto Fernández Fernández *(Directora GEM-Galicia)*
Isabel Neira Gómez *(Directora Técnica GEM-Galicia)*
Emilio Ruzo Sanmartín
Marta Portela Maseda
Jacobo Feás Vázquez
Lucía Rey Ares
Pilar Piñeiro García
María Bastida Domínquez
Nuria Calvo Babío
Ariadna Monie Amor
Esther Barros Campello
Alberto Vaquero Garcías
Ernesto López-Valeiras Sampedro
Xavier Martínez Cobas
Yago Atrio Lema
Guillermo Andrés Zapata Huamani

Colaboradores

Consellería de Promoción do Emprego e Igualdade. Xunta de Galicia
Confederación de Empresarios de Galicia (CEG)
Secretaría Xeral de Universidades.
Xunta de Galicia
Universidade de Santiago de Compostela
Universidade da Coruña
Universidade de Vigo
Universidad del Pacífico (Perú)

Unidad	Institución
La Rioja	Asociación Observatorio del Emprendimiento y el Desarrollo Empresarial de La Rioja

Miembros

Luis Alberto Ruano Marrón *(Director GEM-Rioja)*
Juan Manuel Domínguez Ortega *(Director Técnico GEM-Rioja)*
Lara Mata Martínez
José Eduardo Rodríguez Oses
Sergio Rodríguez-Garnica
Ana Milena Silva Valencia
Dolores Alicia Queiruga Dios

Colaboradores

Agencia de Desarrollo Económico de La Rioja (Gobierno de La Rioja
UNIR - La Universidad en Internet
CaixaBank-Day ONE - Premios Emprende XXI
Iberaval Sociedad de Garantía Reciproca
Comercial OJA - GRUPO OJA
JIG
Ricari Desarrollo de Inversiones Riojanas

Unidad	Institución
Melilla	Universidad de Granada

Miembros

María del Mar Fuentes Fuentes *(Directora GEM-Melilla)*
Jenny María Ruiz Jiménez
Rocío Llamas Sánchez
Juan Antonio Marmolejo Martín
Matilde Ruiz Arroyo
Ana María Bolica
Francisco Javier Melero Rus

Colaboradores

Universidad de Granada

Unidad	Institución
Murcia	Universidad de Murcia

Miembros

Alicia Rubio Bañón *(Directora GEM-Murcia)*
Nuria Nevers Esteban Lloret *(Directora Técnica GEM-Murcia)*
Catalina Nicolás Martínez
Gabriel Lozano Reina
Gregorio Sánchez Marín
José Andrés López Yepes
Juan Samuel Baixauli Soler
María Belda Ruiz
María Feliz Madrid Garre
Mercedes Palacios Manzano
Antonio Paños Álvarez
María Pemartín González-Adalid

Colaboradores

Consejería de Economía, Hacienda y Administración Digital
Instituto de Fomento de la Región de Murcia
Caixabank
Fundación CajaMurcia
Fondo Europeo de Desarrollo Regional
Centro Iniciativas Municipales de Murcia
Cátedra de Emprendedores
Universidad de Murcia

Unidad	Institución
Navarra	Universidad Pública de Navarra-INARBE
	CEIN
	Universidad de La Rioja
	University of Southern Denmark (SDU)

Miembros

Ignacio Contin Pilart *(Co-Director GEM-Navarra)*
Martín Larraza Kintana *(Co-Director GEM-Navarra)*
Cristina Bayona Saez
Lucía Garcés Galdeano
Paula Anzola Román
María Blanca Palacios Navarro
Lucía Nieto Sádaba
María Sanz de Galdeano

Raquel Orcos Sánchez
Víctor Martín Sánchez

Colaboradores

Universidad Pública de Navarra- INARBE
Gobierno de Navarra – CEIN

Unidad	Institución
País Vasco	EEB-OVE, Observatorio Vasco del Emprendimiento
Universidad del País Vasco
UPV/EHU
Deusto Business School
Mondragón Unibertsitatea
Universitat Autonoma de Barcelona

Miembros

María Saiz-Santos *(Directora GEM-País Vasco)*
José L. González-Pernía *(Director Técnico GEM-País Vasco)*
Aimar Basañez Zulueta
Valery Chistov
Nerea González Eguia
Jon Hoyos Iruarrizaga
Rebeca Martín Diez
Iñaki Peña Legazkue
David Urbano Pulido
Alaitz Zabala Zarauz

Colaboradores

Grupo SPRI, Agencia Vasca de Desarrollo Empresarial
Gobierno Vasco. Desarrollo Económico, Sostenibilidad y
Medio Ambiente
Diputación Foral de Bizkaia
Diputación Foral de Guipuzkoa
Diputación Foral de Araba
FESIDE

Unidad	Institución
Trabajo de campo GEM España	Instituto Opinòmetre (Barcelona, Madrid, Valencia, Palma de Mallorca)

Miembros

Josep Ribó *(Director gerente)*
Joaquín Vallés *(Dirección y coordinación técnica)*

Colaboradores

Observatorio del Emprendimiento de España – RED GEM España

Anotaciones